Lehr- und Handbücher
der Finanzierung und Finanzmärkte

Herausgegeben von
o. Universitätsprofessor Dr. Otto Loistl

Bisher erschienene Werke:

Frühwirth, Handbuch der Renditeberechnung, 2. Auflage
Loistl, Kapitalmarkttheorie, 3. Auflage
Loistl · Betz, Chaostheorie, 3. Auflage
Loistl, Computergestütztes Wertpapiermanagement, 5. Auflage

Abteilung
DVFA Kapitalmarktexpertenwissen

Dusemond · Kessler, Rechnungslegung *kompakt* –
Einzel- und Konzernabschluß – HGB · IAS · US-GAAP
Lehrbuch mit Fallstudien zur Bilanzpolitik, 2. Auflage
Fischer · Performanceanalyse in der Praxis –
Performancemaße, Attributionsanalyse,
DVFA-Performance Presentation Standards, 2. Auflage

Handbuch der Renditeberechnung

Von

Dr. Manfred Frühwirth

R. Oldenbourg Verlag München Wien

Die Deutsche Bibliothek - CIP-Einheitsaufnahme

Frühwirth, Manfred:
Handbuch der Renditeberechnung / von Manfred Frühwirth. – 2., aktualisierte Aufl.. – München ; Wien : Oldenbourg, 2002
(Lehr- und Handbücher der Finanzierung und Finanzmärkte)
ISBN 3-486-24666-6

Rosenheimer Straße 145, D-81671 München
Telefon: (089) 45051-0
www.oldenbourg-verlag.de

Gedruckt auf säure- und chlorfreiem Papier
Druck: Grafik + Druck, München
Bindung: R. Oldenbourg Graphische Betriebe Binderei GmbH

ISBN 3-486-24666-6

GELEITWORT
VON UNIV. PROF. DR. STEINER

In der Anlagenpraxis hat sich nach wie vor keine einheitliche Methode zur Berechnung von Renditen festverzinslicher Finanztitel durchgesetzt, obwohl die Kennzahl „Rendite“ zum Standardinstrumentarium jeglicher Beurteilungskriterien gehört.

Ein besonderes Merkmal dieser Kennzahl ist, daß sie stets auf eine Periodeneinheit zu beziehen ist - und hier beginnen auch die wesentlichsten Probleme. Wird im allgemeinen Sprachgebrauch als Periodeneinheit meist stillschweigend ein Jahr verstanden, so haben Zahlungsströme nahezu generell die Eigenschaft, sich entweder auf kürzere oder längere Horizonte zu beziehen, wobei auch unterschiedliche zeitliche Frequenzen von Zahlungsein- bzw. Zahlungsausgängen auftreten können. Wird nun die Kennzahl „Rendite“ mit verschiedenen Periodeneinheiten ermittelt, so sollte es nicht verwundern, daß methodenabhängige, unterschiedliche Ergebnisse die Folge sind.

Gegenstand des vorliegenden Buches ist, in einem ersten Schritt elementare Grundlagen der Renditeberechnung aufzuzeigen. Bereits im ersten Abschnitt wird das Problem der „Zeitdifferenzen“ angesprochen. Der Kontroverse zwischen „Linearer“ und „Exponentieller“ Verzinsung wird vergleichsweise viel Platz gewidmet - allerdings erscheint dies im Hinblick auf die sogenannte „Gemischte Verzinsung“, die im dritten Abschnitt bei den „Renditemethoden“ benötigt wird, gerechtfertigt.

Im zweiten Abschnitt dieses Buches beschäftigt sich der Autor mit dem Problem der Stückzinsen bzw. deren Verrechnung, bevor im dritten Abschnitt, betitelt mit „Die Rendite“, das Hauptproblem aufgegriffen wird. Es werden die fünf gängigsten Methoden der Renditeermittlung systematisch beschrieben und kritisch erläutert bzw. verglichen: Die ISMA-Methode, die Moosmüller-Methode, die Amerikanische Methode, die Braeß/Fangmeyer-Methode und die Methode nach der Deutschen Preisangabenverordnung. Im abschließenden Kapitel dieses Abschnittes werden noch die wesentlichen Prämissen aller Renditeermittlungsmethoden kurz aufgezählt, wie z. B. eine flache Zinsstrukturkurve, keine Transaktionskosten oder Steuern, etc.

Dieses Buch fungiert als Nachschlagewerk für unterschiedliche Renditeermittlungen in der Praxis, wobei allerdings anzumerken ist, daß sich gerade in den letzten Jahren die ISMA-Methode sehr breit durchgesetzt hat. Zahlreiche Beispiele sowie eine durchgezogene „Fallstudie“ erleichtern das z. T. formale Lesen und ermöglichen auch „Nicht-Finanzmathematikern“ ein rechnerisches Nachvollziehen.

Univ. Prof. Dr. Peter Steiner
Universität Graz
Institut für Banken und Finanzierung

VORWORT ZUR 2. AUFLAGE

Die Rückmeldungen von Lesern der 1. Auflage waren sehr positiv. Dies und der Umstand, dass bereits eine zweite Auflage erforderlich ist, zeigt, dass das Handbuch der Renditeberechnung den ihm zugedachten Zweck erfüllt hat und von der Zielgruppe positiv aufgenommen wurde. Aus diesem Grund blieb die Konzeption des Buches unverändert.

Die Bedeutung der Thematik wurde inzwischen auch von einer 1998 in der Zeitschrift für Betriebswirtschaft veröffentlichten Studie bestätigt, nach der nahezu 80 % der Großunternehmen mit Sitz in Deutschland (festverzinsliche) Wertpapiere nach dem Kriterium der Rendite beurteilen.

Wie bereits im Vorwort zur 1. Auflage vermerkt, sind die in diesem Buch beschriebenen Methoden, Algorithmen und Formeln sehr breit anwendbar. Sie können gleichermaßen im Anlagebereich (festverzinsliche Wertpapiere) wie im Kreditbereich (Leasingverträge, Kredite usw.) eingesetzt werden. Z. B. stimmen die europaweit entwickelten Verfahren zur Ermittlung des effektiven Jahreszinssatzes von Verbraucherkrediten mit den in diesem Handbuch für festverzinsliche Wertpapiere beschriebenen Methoden überein. So wird z. B. seit geraumer Zeit der effektive Jahreszinssatz nach der EU-Richtlinie 90/88/EWG sowie nach § 33 (4) des Österreichischen Bankwesengesetzes nach einem Verfahren berechnet, das der in diesem Buch beschriebenen ISMA-Methode entspricht. In Deutschland wurde bis zum Jahr 2000 ein Verfahren angewandt, das in diesem Buch als Methode nach der deutschen Preisangabenverordnung beschrieben ist.

Auf dem Gebiet der Renditeberechnung von Anleihen gab es seit der ersten Auflage keine wesentlichen Änderungen. Änderungen gab es auf dem Gebiet der Effektivzinsberechnung für Verbraucherkredite in Deutschland. So ist seit 1. 9. 2000 eine neue Preisangabenverordnung in Kraft (Fassung vom 28. 7. 2000), gemäß der entsprechend der EU-Richtlinie ebenfalls die ISMA-Methode anzuwenden ist. Da dieses Buch sehr breit anwendbar sein soll (d. h. nicht nur für Verbraucherkredite gedacht ist) und der Leser grundsätzlich bei der Wahl der Methode möglichst flexibel sein soll, wurde die Renditemethode, die aus der alten deutschen Preisangabenverordnung abgeleitet ist, im Buch belassen.

Manfred Frühwirth

AUS DEM VORWORT ZUR 1. AUFLAGE

Vor nicht allzu langer Zeit galten die Rentenmärkte noch als ziemlich „tote Märkte", auf denen kaum überdurchschnittlich viel Geld zu verdienen war. Diese Einstellung hat sich jedoch in den letzten Jahren geändert. Viele Unternehmen haben begonnen, systematisch und organisiert Überlegungen anzustellen, in welcher Form Finanzmittelüberschüsse anzulegen sind. Private Investoren haben sich immer mehr von Sparbuch-Sparern zu Wertpapier-Sparern gewandelt. Das Interesse an Wertpapieren - insbesondere jenes an festverzinslichen Wertpapieren - ist stark gestiegen, und ein Ende dieser Tendenz ist nicht abzusehen. Es zeigt sich immer deutlicher, dass festverzinsliche Wertpapiere in keinem Portefeuille fehlen sollten.

Jeder Anleger möchte natürlich jene Wertpapiere, für die er sich interessiert, beurteilen. Eines der in der Praxis am häufigsten verwendeten Kriterien zur Beurteilung von festverzinslichen Wertpapieren ist die Rendite - jene Kennzahl, die im Zentrum dieses Buches steht.

Das Ziel des vorliegenden Handbuches besteht darin, einem Interessenten für ein festverzinsliches Wertpapier die Möglichkeit zu geben, vor dem Kauf die Rendite „seines Wertpapieres" mit Hilfe mehrerer Methoden zu berechnen und die Methoden kritisch zu beurteilen. Unter Beachtung der angeführten Prämissen sowie der Vor- und Nachteile der Renditemethoden wird dem Leser so ermöglicht, die Entscheidungsqualität beim Wertpapierkauf zu verbessern.

Die Zielgruppe dieses Handbuches wurde weit gefasst. Zum einen richtet sich der Inhalt an Praktiker in der Wirtschaft (insbesondere in Kreditinstituten, Versicherungsunternehmen und Industrieunternehmen), denen ein Hilfsmittel in die Hand gegeben wird, um festverzinsliche Wertpapiere zu beurteilen. Zum anderen soll das Buch fortgeschrittenen und interessierten Studenten die Möglichkeit geben, die für die Praxis relevanten Fähigkeiten auf diesem Gebiet zu erwerben. Selbstverständlich finden auch private Anleger in diesem Buch eine wertvolle Grundlage für ihre Anlageentscheidungen. Somit soll dieses Buch mehreren Gruppen als umfassendes Lehr-, Lern- und Nachschlagewerk zur Renditeberechnung von festverzinslichen Wertpapieren dienen.

Das vorliegende Buch wurde bewusst nach didaktischen Grundsätzen gestaltet. So wurde z. B. laufend auf das Hilfsmittel der Visualisierung zurückgegriffen. Die insgesamt 13 Abbildungen und die drei Tabellen dienen nicht nur dazu, die relativ komplexen Inhalte möglichst einfach und übersichtlich darzustellen. Sie wurden auch so ausgewählt, dass fast der gesamte Inhalt dieses Buches alleine durch Einprägen dieser Abbildungen und Tabellen im Langzeitgedächtnis gespeichert werden kann. Im Zusammenhang mit Satzaufbau, Definitionen und Terminologie wurde auf „mnemotechnische" (gedächtnisunterstützende) Vorgangsweise besonderer Wert gelegt. Ähnliches gilt für die Variablenbenennung: Für die meisten Variablen wurden „sprechende Symbole" verwendet. Dieser Umstand findet seinen Niederschlag auch im Symbolverzeichnis in Form von fettgedruckten Buchstaben. Durch all diese Maßnahmen konnte die Lesedauer minimiert und der Verständnisgrad sowie die Behaltedauer maximiert werden.

Zum besseren Verständnis enthält dieses Handbuch 47 Beispiele, die zu einem bedeutenden Teil ein durchgehendes Fallbeispiel bilden. Diese Verbindung der Beispiele soll veranschaulichen, wie die einzelnen Rechenprozesse verknüpft werden. Jedes dieser Beispiele wird den Leser der Renditeberechnung (bzw. der Renditeinterpretation) einen Schritt näher bringen. Gegenstand dieser zusammenhängenden Beispiele ist die fiktive Anleihe „XYZ". Um möglichst allgemein gültige Aussagen treffen zu können und um die Unterschiede zwischen den einzelnen Methoden klar herauszustreichen, wurde eine festverzinsliche Serienanleihe mit vier Kuponterminen pro Jahr gewählt (obwohl solche Anleihen selten sind). Die übrige Datenstruktur der Anleihe „XYZ" (Tilgungen, Restlaufzeit usw.) wurde mit der gleichen Zielsetzung festgelegt. Eine Übersicht sämtlicher Daten zu diesem Fallbeispiel befindet sich im Anhang.

Nun noch einige Worte zum Inhalt: Dieses Handbuch ist systematisch aufgebaut und bewusst so gestaltet, dass die Lektüre bereits mit sehr geringen Vorkenntnissen möglich ist. Der Zielsetzung eines Handbuches entsprechend wurde das Buch in der Reihenfolge jener Schritte gegliedert, die man bei der Renditeberechnung vorzunehmen hat:

Um die Ausführungen zu den einzelnen Renditemethoden und deren Unterschiede zu verstehen, sind gewisse Grundkenntnisse erforderlich. Diese sind in Abschnitt 1 zu finden und können vom fortgeschrittenen Leser gegebenenfalls übersprungen werden.

In Abschnitt 2 wird auf das Konzept und die Berechnung der Stückzinsen eingegangen. Notiert ein festverzinsliches Wertpapier nämlich - wie allgemein üblich - exklusive Stückzinsen (also mit dem Nettokurs), so muß man vor der Renditeberechnung die Stückzinsen ermitteln. Die Summe aus Nettokurs und Stückzinsen ergibt dann den Bruttokurs. Dieser ist das investierte Kapital und somit der Ausgangspunkt für die nachfolgende Renditeberechnung.

Abschnitt 3 stellt den Hauptteil des Buches dar. Im Anschluss an die notwendigen Vorarbeiten werden die verbreitetsten Renditemethoden vorgestellt, in Renditegleichungen gefasst, beurteilt und verglichen.

Ein Anleger muss sich zunächst für eine der Renditemethoden entscheiden (wobei die in Abschnitt 3 enthaltenen kritischen Würdigungen und der Vergleich der Methoden eine große Entscheidungshilfe darstellen). Danach muss er die entsprechende Renditegleichung aufstellen. In Kapitel 3.2 findet sich dazu für jede Methode eine flexible Renditegleichung, die sich automatisch an unterschiedliche Wertpapierdaten anpasst und deshalb in einer sehr großen Zahl von Fällen anwendbar ist. Damit wird das Buch den Anforderungen der Praxis gerecht, möglichst viele Typen von festverzinslichen Wertpapieren mit einem Algorithmus zu bewerten. In Kapitel 3.3 werden diese flexiblen Renditegleichungen für bestimmte häufig vorkommende Spezialfälle näher spezifiziert und vereinfacht. Dadurch wurde versucht, den Konflikt zwischen Flexibilität und Anwenderfreundlichkeit zu lösen.

Nach Aufstellung der Renditegleichung ist diese zu lösen. Dieser Vorgang entspricht dem Nullsetzen einer Gleichung höherer Ordnung und ist daher in der Regel nur auf iterativem Wege möglich. Dazu bietet sich das in Abschnitt 1 beschriebene Verfahren der linearen Interpolation an. Die errechnete Rendite kann anschließend - wie in diesem Buch dargestellt - mittels Vergleichskonto kontrolliert werden. Den Abschluss von Abschnitt 3 bildet eine Erläuterung der Prämissen der Renditeberechnung.

Die gewonnenen Erkenntnisse werden in Abschnitt 4 zusammengefasst. Der rote Faden wird noch einmal geknüpft, so dass das Verständnis der Zusammenhänge zwischen den einzelnen Abschnitten spätestens nach Lesen von Abschnitt 4 problemlos möglich ist.

Abschließend möchte ich dieses Vorwort dazu nützen, um mich bei Prof. Dr. Peter Steiner für seine Hilfestellungen und konstruktiven Ratschläge sowie das Verfassen des Geleitwortes und bei Prof. Dr. Otto Loistl für seine Rückmeldungen und wertvollen Hinweise zu bedanken. Zu großem Dank verpflichtet bin ich außerdem meiner Gattin Karin sowie Dr. Andreas Höger und Dr. Michaela Linzatti für das Probelesen des Manuskripts und für die vielen interessanten Anregungen.

Manfred Frühwirth

INHALTSVERZEICHNIS

ABSCHNITT 1: GRUNDLAGEN

Zu Beginn dieses Handbuches ist klarzustellen, welche Wertpapiertypen in Folge behandelt werden: Grundsätzlich kann das Handbuch für sämtliche Typen von festverzinslichen Wertpapieren herangezogen werden. Aus Gründen der sprachlichen Vereinfachung wird allerdings stets die „Renditeberechnung von **Anleihen**" beschrieben. Dies trägt auch dem Umstand Rechnung, daß auf den Rentenmärkten der Großteil der festverzinslichen Wertpapiere auf Anleihen entfällt. Sämtliche Aussagen, Formeln und Gleichungen in diesem Buch lassen sich jedoch gleichermaßen auf alle übrigen Typen von festverzinslichen Wertpapieren (wie z. B. Pfandbriefe oder Kommunalbriefe) übertragen.

Die Berechnung der Rendite einer Anleihe erfordert gewisse Grundkenntnisse. Dazu zählen

- das Verständnis von Anleihen als Anlage- und Finanzierungsinstrument (sowie der wichtigsten Grundbegriffe aus der Anleihenbewertung),
- die Berechnung von Zeitdifferenzen,
- die Umrechnung von Zeitdifferenzen und
- das Lösen von Gleichungen höherer Ordnung.

Abschnitt 1 ist der Wiederholung dieser Grundkenntnisse gewidmet.

1.1 ANLEIHEN ALS ANLAGE- UND FINANZIERUNGSINSTRUMENT

Eine Anleihe ist ein Vertrag, in dem geregelt ist, daß anläßlich der Anleihenemission (Anleihenbegebung) mehrere Zeichner (Anleihengläubiger) dem Emittenten (Anleihenschuldner) für die Laufzeit der Anleihe ein bestimmtes Kapital überlassen. Dieser Vertrag enthält insbesondere Bestimmungen über

- das Nominale pro Anleihenstück,
- den Emissionskurs,
- den Tilgungskurs und
- den Nominalzinssatz.

Unter dem **Nominale** (Nennwert) eines Anleihenstückes versteht man den auf dem Anleihenstück aufgedruckten nominellen Kapitalbetrag. Im vorliegenden Handbuch wird - wie in weiten Teilen der Literatur üblich - ein Nominale von

100 Geldeinheiten pro Anleihenstück angenommen. Dies stellt jedoch keinerlei Einschränkung dar, da die Rendite einer Anleihe unabhängig vom gewählten Nominale ist.

Der **Emissionskurs** ist jener (in Prozenten des Nominales angegebene) Kurs, zu dem die Anleihe vom Emittenten begeben („emittiert“) wird, d. h. jener Geldbetrag, den der Emittent bei der Emission für ein Anleihenstück mit einem Nominale von 100 Geldeinheiten erhält. Der Emissionskurs kann niedriger als 100 sein („Emission mit Disagio“), genau 100 betragen („Emission zum Nominale“) oder höher als 100 sein („Emission mit Agio“). Bei einem Emissionskurs von 98 bekommt der Emittent beispielsweise bei der Emission für jedes Anleihenstück nur 98 % des Nominales. Beträgt das Nominale eines Anleihenstückes 100 Geldeinheiten, so erhält der Emittent in diesem Fall 98 Geldeinheiten pro Anleihenstück.

Der **Tilgungskurs** ist jener (in Prozenten des Nominales angegebene) Kurs, zu dem die Anleihe bei Fälligkeit getilgt wird, d. h. jener Geldbetrag, den der Emittent bei Fälligkeit für ein Anleihenstück mit einem Nominale von 100 Geldeinheiten an die Anleihengläubiger zurückzahlen muß. Auch der Tilgungskurs kann niedriger als 100 sein („Tilgung mit Disagio“), genau 100 betragen („Tilgung zum Nominale“) oder höher als 100 sein („Tilgung mit Agio“). Ist der Tilgungskurs z. B. 101, so erhalten die Anleihengläubiger bei der Tilgung 101 % des Nominales, d. h. für ein Anleihenstück mit einem Nominale von 100 Geldeinheiten bekommen die Anleihengläubiger 101 Geldeinheiten. Natürlich kann im Anleihenvertrag auch festgelegt werden, daß der Emittent Teilbeträge vorzeitig tilgen kann (vgl. die nachfolgenden Ausführungen zu Serienanleihen).

Zwischen der Emission und der Tilgung kann der Inhaber der Anleihe diese jederzeit zum aktuellen Kurs an der Börse verkaufen.

Der ebenfalls im Anleihenvertrag festgesetzte **Nominalzinssatz** ist jener nominelle Jahreszinssatz, der dem Emittenten von den Gläubigern für die Überlassung des Kapitals verrechnet wird.

Die vom Emittenten bezahlten und von den Anleihengläubigern erhaltenen **Rückflüsse** setzen sich somit grundsätzlich aus zwei Komponenten zusammen:

- den jährlichen Zinszahlungen und
- den Tilgungszahlungen

Die jährliche Zinszahlung berechnet sich durch Multiplikation von aktueller Anleihenschuld (noch nicht getilgtes Nominale, ausstehendes Nominale) mit dem Nominalzinssatz. Die Zinsen werden durch Einlösung von **Kupons** zu den **Kuponterminen** kassiert. Der Zeitraum zwischen zwei aufeinander folgenden Kuponterminen wird als **Kuponperiode** bezeichnet.

Die Tilgungszahlung zu einem bestimmten Zeitpunkt wird durch Gewichtung des zu diesem Zeitpunkt getilgten Nominales mit dem entsprechenden Tilgungskurs berechnet.

Da auf den Märkten eine Vielzahl von Anleihentypen existiert, folgt nun ein kurzer Überblick über die wichtigsten **Unterscheidungsmerkmale und Anleihentypen**:

Eher selten sind sogenannte Nullkuponanleihen. Dies sind Anleihen, bei denen kein Kupon bezahlt wird. Der gesamte Ertrag für die Gläubiger besteht in der Differenz zwischen Emissionskurs und Tilgungskurs.

Weit häufiger sind Kuponanleihen. Kuponanleihen können nach der Verzinsung in festverzinsliche und variabelverzinsliche Anleihen eingeteilt werden (wobei dieses Buch nur festverzinsliche Anleihen behandelt).

Hinsichtlich der Verzinsungsintensität (Kuponhäufigkeit) lassen sich Kuponanleihen mit jährlicher Verzinsung (eine Kuponzahlung pro Jahr) und solche mit unterjähriger Verzinsung (mehrere Kuponzahlungen pro Jahr) unterscheiden. Bei Anleihen mit jährlicher Verzinsung erhält der Inhaber (einmal jährlich) bei Kuponzahlung einen „Jahreskupon“ (in Höhe der jährlichen Zinszahlung). Bei Anleihen mit unterjähriger Verzinsung hingegen werden die Zinsen über das Jahr verteilt in Form von „Periodenkupons“ (Kupons pro Kuponperiode) ausbezahlt. Die Höhe dieser Periodenkupons läßt sich berechnen, indem man die jährliche Zinszahlung durch die Anzahl der Kuponzahlungen pro Jahr (Kuponhäufigkeit) dividiert. So werden beispielsweise bei Anleihen mit halbjährlicher Verzinsung zwei Halbjahreskupons bezahlt, die in Summe genau die jährliche Zinszahlung ergeben.

Ein weiteres Differenzierungsmerkmal bei Kuponanleihen ist die Tilgungsstruktur: So kann zwischen ewigen Anleihen (nur Kuponzahlungen, keine Tilgungen, ewige Laufzeit), endfälligen Anleihen (Tilgung zur Gänze am Ende der Laufzeit) und Serienanleihen unterschieden werden.

Serienanleihen sind Anleihen, deren Tilgung in bestimmten Teilbeträgen (zum Teil vor dem Laufzeitende) erfolgt. Organisatorisch werden diese Anleihen in mehreren Serien emittiert. Die Feststellung, welche konkreten Anleihenstücke zu den einzelnen Tilgungszeitpunkten getilgt werden, erfolgt durch Verlosung von Serien. Der Inhaber einer Serienanleihe kennt daher seine Rückflußstruktur nicht. Ein Investor, der diese Unsicherheit („Tilgungsterminrisiko") ausschalten möchte, hat jedoch eine Möglichkeit: Er kann von jeder (noch nicht verlosten) Serie eine gleich hohe Anzahl an Stücken erwerben. Dann sind seine Rückflüsse unabhängig von den Auslosungsergebnissen und somit bereits beim Anleihenerwerb bekannt. Diese risikominimierende und daher rationale Strategie wird in Folge bei der Renditeberechnung für Serienanleihen unterstellt. Man spricht dann von der sogenannten „Gesamtanlegerrendite". Zu beachten ist, daß bei der beschriebenen Strategie jede Tilgung die Anleihenschuld (das ausstehende Nominale) und somit die Höhe der nachfolgenden Kuponzahlungen verringert.

Am häufigsten von den beschriebenen Anleihentypen sind festverzinsliche endfällige Kuponanleihen (mit jährlicher Verzinsung). Dennoch wurde dieses Buch vor dem sehr allgemeinen Hintergrund einer Serienanleihe geschrieben, um die erarbeiteten Algorithmen für möglichst viele Anleihen anwenden zu können. Es handelt sich um die **Serienanleihe „XYZ"** mit einem Nominale von 100 Geldeinheiten, einer jährlichen Nominalverzinsung von 8 % und vier Kuponterminen pro Jahr (13. Februar, 13. Mai, 13. August und 13. November). Die Anleihe wurde in Form von zehn gleich großen Serien emittiert und läuft am 13. 11. 2000 aus. Zu den zehn Kuponterminen ab dem 13. 8. 1998 wird je eine Serie verlost. Alle Tilgungen erfolgen zum Nominale. Die Anleihe soll am 1. 3. 1997 bewertet werden. Der Börsenkurs zu diesem Zeitpunkt beträgt gemäß Kursblatt 99.

1.2 DIE BERECHNUNG VON ZEITDIFFERENZEN

Als zweite Grundvoraussetzung für die Renditeberechnung werden nun verschiedene Methoden zur Berechnung von Zeitdifferenzen (Differenzen zwischen zwei Zeitpunkten) vorgestellt.[1)] Es handelt sich um

- die „30/360"-Methode,
- die „klm/360"-Methode und
- die „klm/365"-Methode.

[1] Bei der Berechnung dieser Zeitdifferenzen wird in Folge stets unterstellt, daß der erste Tag mitgezählt wird, der letzte Tag jedoch nicht.

1.2.1 Die „30/360"-Methode

Der „30/360"-Methode (= „360/360"-Methode, „30-Tage"-Methode) liegt die Annahme zugrunde, daß sämtliche Monate **30** Tage und sämtliche Jahre **360** Tage haben.

1.2.2 Die „klm/360"-Methode

Bei der „klm/360"-Methode (= „act/360"-Methode) werden Teile von Monaten und ganze Monate entsprechend den tatsächlich anfallenden Tagen (**kalendermäßig**) abgerechnet, während ganze Jahre mit **360** Tagen gezählt werden.

1.2.3 Die „klm/365"-Methode

Die „klm/365"-Methode (= „act/act"-Methode) ist die genaueste, weil sie Teile von Monaten, ganze Monate und Jahre entsprechend den tatsächlich anfallenden Tagen abrechnet.[2)]

1.2.4 Vergleich der Methoden

Umfaßt die Differenz zwischen zwei Zeitpunkten nur ganze Jahre, besteht zwischen den drei Methoden kein Unterschied. Beinhaltet diese Zeitdifferenz jedoch auch Teile von Jahren, so können die Methoden zu verschiedenen Ergebnissen führen - wie Beispiel 1 zeigt:

---

[2] Wenn es sich um ein Schaltjahr handelt, werden für den Februar 29 Tage und für das Jahr 366 Tage gezählt. Es wird somit "klm/366" gerechnet. (Die Bezeichnung "klm/365-Methode" ist in diesem Fall etwas irreführend.)

BEISPIEL 1: Berechnung von Zeitdifferenzen

Es ist die Restlaufzeit der Serienanleihe „XYZ“ zum Bewertungszeitpunkt 1. 3. 1997 zu berechnen:

1) nach der „30/360“-Methode
2) nach der „klm/360“-Methode
3) nach der „klm/365“-Methode

Lösung:

Die Restlaufzeit der Anleihe „XYZ“ ist die Zeitdifferenz zwischen dem Bewertungszeitpunkt (1. 3. 1997) und dem Ende der Laufzeit (13. 11. 2000):

1) Nach der Methode „30/360“ erhält man diese Zeitdifferenz folgendermaßen: Die Monate März bis Dezember 1997 werden jeweils mit 30 Tagen gezählt. Für die Jahre 1998 und 1999 sind je 360 Tage zu rechnen. Für die Monate Jänner bis Oktober 2000 werden wieder je 30 Tagen gezählt. Im November 2000 fallen noch 12 Tage an. Das sind in Summe 1332 Tage. Nach Division durch 360 Tage ergibt das **3,7 Jahre**.

2) Gemäß der Methode „klm/360“ errechnet sich die Zeitdifferenz wie folgt: Für den März 1997 sind 31 Tage zu rechnen. Die Monate April bis Dezember 1997 werden entsprechend den tatsächlich anfallenden Tagen abgerechnet. Dies sind in Summe 275 Tage. Für die Jahre 1998 und 1999 sind je 360 Tage zu zählen. Die Monate Jänner bis Oktober 2000 werden wieder entsprechend den tatsächlichen Tagen abgerechnet. Aufgrund des Schaltjahres sind das in Summe 305 Tage. Im November 2000 fallen noch 12 Tage an. Das ergibt zusammen 1343 Tage. Nach Division durch 360 Tage erhält man **3,731 Jahre**.

3) Die Zeitdifferenz nach der Methode „klm/365“ bekommt man, indem man die tatsächlich während des Zeitraumes anfallenden Tage zusammenzählt: Für den März 1997 sind wieder 31 Tage zu rechnen. In den Monaten April bis Dezember 1997 fallen in Summe 275 Tage an. Für die Jahre 1998 und 1999 sind je 365 Tage zu zählen. Die Monate Jänner bis Oktober 2000 umfassen insgesamt 305 Tage. Dazu kommen noch die 12 Tage vom November 2000. Das ergibt in Summe 1353 Tage.

Möchte man diese Zeitdifferenz in Jahren darstellen, so ist folgendermaßen vorzugehen: Die insgesamt 306 Tage im Jahr 1997 werden in Jahre umgerechnet, indem man durch 365 dividiert. Dazu kommen die beiden ganzen Jahre 1998 und 1999. Die 317 Tage aus dem Jahr 2000 werden durch 366 dividiert (da es sich um ein Schaltjahr handelt). Dies ergibt insgesamt (306/365 + 2 + 317/366 =) **3,704 Jahre**.

Die drei Methoden der Zeitdifferenzberechnung führen somit zu unterschiedlichen Ergebnissen. Aus diesem Grund muß darauf hingewiesen werden, daß für den Rest dieses Handbuches einheitlich die Methode „30/360" verwendet wird. Dies entspricht auch der Usance in weiten Teilen der Praxis. Es ist jedoch stets vor Augen zu halten, daß diese Methode eine Vereinfachung darstellt und somit (verglichen mit der Methode „klm/365") nicht exakt ist.

1.3 DIE UMRECHNUNG VON ZEITDIFFERENZEN

Zeitdifferenzen können im Rahmen der Anleihenbewertung

- in Jahren,
- in Kuponperioden oder
- in Tagen

ausgedrückt werden.

In der Finanzmathematik ist stets darauf zu achten, daß die Dimension der Zeitdifferenz - in der nachfolgenden Zinsrechnung wird diese als „Verzinsungsdauer" bezeichnet - mit der Dimension des verwendeten Zinssatzes übereinstimmen muß. Verwendet man also z. B. einen Jahreszinssatz, so ist die Zeitdifferenz in Jahren relevant. Bei Verwendung eines Zinssatzes pro Kuponperiode ist hingegen die Zeitdifferenz in Kuponperioden maßgeblich.

Daher müssen gegebenenfalls Zeitdifferenzen von einer Dimension in eine andere umgerechnet werden. Diese Umrechnung ist (bei Verwendung der Methode „30/360") unproblematisch:

Möchte man z. B. eine in Jahren ausgedrückte Zeitdifferenz in Kuponperioden umrechnen, so muß man sie mit der Anzahl der Kupontermine pro Jahr multiplizieren. Die Anzahl der Kupontermine pro Jahr wird auch als Kuponhäufigkeit bezeichnet und sei in Folge dargestellt durch die Variable m.

Wenn man eine in Kuponperioden ausgedrückte Zeitdifferenz in Tage umrechnen möchte, muß man sie mit dem Faktor 360/m multiplizieren (da 360/m die Anzahl der Tage innerhalb einer Kuponperiode ist).

Diese und die resultierenden Umrechnungsmöglichkeiten sind aus Abbildung 1 ersichtlich:

	• m		• 360/m	
	⟶		⟶	
... in Jahren		... in Kuponperioden		... in Tagen
	⟵		⟵	
	÷ m		÷ 360/m	

Abbildung 1: Umrechnung von Zeitdifferenzen

Die Umrechnung einer Einheit in eine kleinere Einheit erfolgt also durch Multiplikation, die Umrechnung in eine größere Einheit durch Division - jeweils unter Verwendung des angegebenen Faktors. Beispiel 2 soll dies verdeutlichen:

BEISPIEL 2: Umrechnung von Zeitdifferenzen

Die in Beispiel 1 nach der Methode „30/360“ errechnete Restlaufzeit der Anleihe „XYZ“ (1332 Tage) ist in Kuponperioden und in Jahre umzurechnen.

Lösung:

Um die 1332 Tage in Kuponperioden - bei der Serienanleihe „XYZ“ sind das Quartale - umzurechnen, dividiert man durch (360/4 =) 90 und erhält so 14,8 Kuponperioden. Um diese 14,8 Kuponperioden weiter in Jahre umzurechnen, ist durch 4 zu dividieren. Dies ergibt 3,7 Jahre.

Restlaufzeit der Anleihe „XYZ“ = 1332 Tage = 14,8 Kuponperioden = 3,7 Jahre

1.4 FINANZMATHEMATISCHE GRUNDLAGEN

Für das Verständnis der Vorgangsweise in den Abschnitten 2 und 3 ist es unbedingt notwendig, einige Begriffe aus der Finanzmathematik zu wiederholen.

Ein **Zinstermin** ist jeder Zeitpunkt, zu dem Zinsen bezahlt oder verrechnet werden. Solche Zinstermine gibt es in vereinbarten regelmäßigen Abständen.

Hinsichtlich der Anzahl der Zinstermine pro Jahr ist zwischen jährlicher Verzinsung und unterjähriger Verzinsung zu unterscheiden. Bei **jährlicher Verzinsung** gibt es pro Jahr nur einen Zinstermin. Bei **unterjähriger Verzinsung** hingegen fallen mehrere Zinstermine pro Jahr an.

Als **Zinsperiode** bezeichnet man den Zeitraum zwischen zwei aufeinander folgenden Zinsterminen. Eine Zinsperiode umfaßt bei jährlicher Verzinsung genau ein Jahr und bei unterjähriger Verzinsung einen entsprechenden Bruchteil eines Jahres. So dauert z. B. bei halbjähriger Verzinsung eine Zinsperiode genau ein halbes Jahr.[3)]

Ein **Zinszuschlag** bedeutet, daß die angefallenen Zinsen dem Kapital zugeschlagen werden („kapitalwirksame Zinsverrechnung“) und von nun an

[3] Die bisher vorgestellten Definitionen sind sehr ähnlich den Definitionen "Kupontermin", "Anleihe mit jährlicher/unterjähriger Verzinsung" und "Kuponperiode", die bereits in Kapitel 1.1 im Rahmen der Anleihentypen erklärt wurden. Es handelt sich jedoch um allgemeinere Konzepte, die nicht nur für die Anleihenbewertung von Bedeutung sind. Für das weitere Verständnis ist eine terminologische Trennung zwischen den allgemeineren Begriffen und jenen, die speziell für die Anleihenbewertung herangezogen werden, sinnvoll.

selbst Zinsen tragen. Der Zeitpunkt, zu dem ein solcher Zinszuschlag erfolgt, wird **Zinszuschlagstermin** (Zinsverrechnungstermin) genannt.

Die **Verzinsungsdauer** ist die Zeitdifferenz zwischen dem Beginn und dem Ende der Verzinsung. Diese Verzinsungsdauer kann sowohl kleiner als auch größer als eine Zinsperiode sein. Bei einer Verzinsung über fünf Jahre mit jährlicher Verzinsung beispielsweise ist die Zinsperiode ein Jahr, während die Verzinsungsdauer fünf Jahre beträgt.

Wichtig ist die Unterscheidung zwischen den Begriffen „Zinsfuß“ und „Zinssatz“: Der **Zinsfuß** gibt die Zinsen für ein Kapital von 100 Geldeinheiten an. Der **Zinssatz** hingegen drückt die Zinsen pro Geldeinheit aus. Somit existiert folgende Beziehung zwischen Zinssatz und Zinsfuß:

$$\text{Zinssatz} = \frac{\text{Zinsfuß}}{100}$$

Bei einer Verzinsung von 8 % beträgt beispielsweise der Zinsfuß 8 und der Zinssatz 0,08.

Eine weitere wichtige Unterscheidung ist jene zwischen dem **Jahreszinssatz** $i_{(p.a.)}$ (= Zinsen pro Geldeinheit für ein Jahr) und dem **Periodenzinssatz** i_{ZPJ} (= Zinsen pro Geldeinheit für eine Zinsperiode). Bei jährlicher Verzinsung fallen Periodenzinssatz und Jahreszinssatz natürlich zusammen. Bei unterjähriger Verzinsung ist der Periodenzinssatz hingegen stets niedriger als der Jahreszinssatz.

Nach diesen Definitionen sollen nun kurz die verschiedenen Verzinsungsformen (lineare Verzinsung, exponentielle Verzinsung und gemischte Verzinsung) jeweils anhand der wichtigsten Formeln dargestellt werden. Dabei wird stets ein **Periodenzinssatz** verwendet. Da die Dimension der Verzinsungsdauer mit jener des Zinssatzes übereinstimmen muß, ist die **Verzinsungsdauer in Zinsperioden** relevant.[4)]

[4] Von den beiden Verzinsungsarten "**antizipativ**" (vorschüssig) und "**dekursiv**" (nachschüssig) wird für den Rest dieses Buches lediglich letztere benötigt. Deshalb wird in diesem Kapitel auch nur die dekursive Verzinsung beschrieben.

1.4.1 Lineare Verzinsung

Bei der linearen Verzinsung („einfache Verzinsung") werden die Zinsen während der gesamten Verzinsungsdauer nur ein einziges Mal dem Kapital zugeschlagen - nämlich am Ende der Verzinsungsdauer. Die Zinsen werden also nicht wieder verzinst. Der Zinseszinseffekt wird vernachlässigt.

Wenn ein bestimmtes Anfangskapital K_0 über eine Verzinsungsdauer von n Zinsperioden mit dem Periodenzinssatz i_{ZPJ} linear verzinst wird, lassen sich die Zinsen mit der folgenden Formel berechnen:

$$Z = K_0 \cdot i_{ZPJ} \cdot n$$

Das Endkapital K_n (Endwert) ergibt sich dann aus der Summe von Anfangskapital und Zinsen:

$$K_n = K_0 + K_0 \cdot i_{ZPJ} \cdot n = K_0 \cdot (1 + i_{ZPJ} \cdot n)$$

Der Ausdruck $(1+i_{ZPJ} \bullet n)$ wird als **linearer Aufzinsungsfaktor** für eine Verzinsungsdauer von n Zinsperioden bezeichnet.

Abbildung 2 zeigt das Endkapital bei linearer Verzinsung in Abhängigkeit der Verzinsungsdauer:

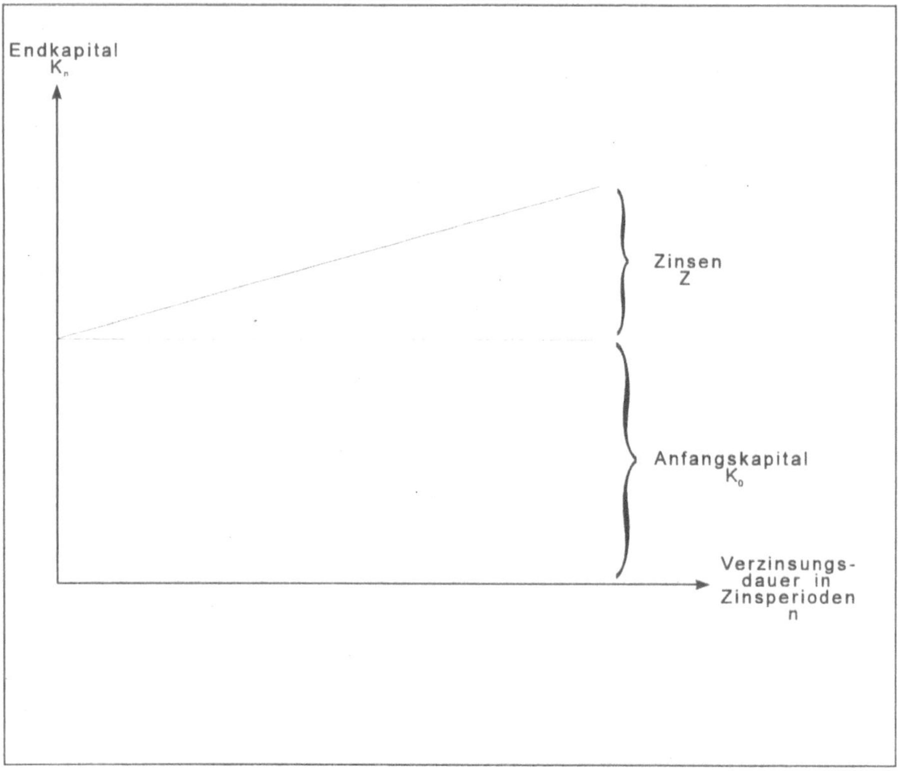

Durch Umformen der Endwertformel nach dem Anfangskapital K_0 erhält man die Barwertformel bei linearer Abzinsung:

$$K_0 = K_n \cdot \frac{1}{(1 + i_{ZPJ} \cdot n)} = \frac{K_n}{(1 + i_{ZPJ} \cdot n)}$$

Der Ausdruck $1/(1+i_{ZPJ} \bullet n)$ ist der **lineare Abzinsungsfaktor** für eine Verzinsungsdauer von n Zinsperioden.

Kennt man Anfangskapital, Endkapital und Verzinsungsdauer, so läßt sich eine Formel für den zugrundeliegenden Zinssatz - in der Terminologie von Abschnitt 3 ist das die „Rendite" - durch Umformen der Endwertformel herleiten:

$$K_n = K_0 \cdot (1 + i_{ZPJ} \cdot n)$$

$$i_{ZPJ} = \frac{\frac{K_n}{K_0} - 1}{n}$$

Die lineare Umrechnung eines Periodenzinssatzes i_{ZPJ} in einen Jahreszinssatz $i_{(p.a.)}$ sowie die umgekehrte Umrechnung funktionieren bei ZPJ Zinsperioden pro Jahr mit folgenden Formeln:

$$i_{(p.a.)} = i_{ZPJ} \cdot ZPJ$$

$$i_{ZPJ} = \frac{i_{(p.a.)}}{ZPJ}$$

1.4.2 Exponentielle Verzinsung

Will man den in der Realität vorhandenen Zinseszinseffekt berücksichtigen, so ist eine exponentielle Verzinsung vorzunehmen. Bei der exponentiellen Verzinsung werden nämlich die Zinsen am Ende jeder Zinsperiode dem Kapital zugeschlagen und daher in der nächsten Zinsperiode mitverzinst.

Die Herleitung der Endwertformel ist am ehesten vorstellbar, wenn man vorerst von einer ganzen Anzahl von Zinsperioden ausgeht. Die exponentielle Aufzinsung kann als eine Reihe von linearen Aufzinsungen über je eine Zinsperiode gesehen werden. Das Endkapital erhält man daher, indem man das Anfangskapital immer wieder mit dem linearen Aufzinsungsfaktor für genau eine Zinsperiode ($1+i_{ZPJ}$) multipliziert. Die Anzahl der Multiplikationen entspricht dabei der Anzahl der Zinsperioden, über die aufgezinst werden soll. Dies ergibt folgende Endwertformel:

$$K_n = K_0 \cdot (1 + i_{ZPJ})^n$$

Die wiederholte Multiplikation wird also durch die Verzinsungsdauer n im **Exponenten** dargestellt. Daher stammt auch die Bezeichnung „exponentielle

Verzinsung". Der Ausdruck $(1+i_{ZPJ})^n$ wird als **exponentieller Aufzinsungsfaktor** für eine Verzinsungsdauer von n Zinsperioden bezeichnet.

Die Exponentialfunktion in Abbildung 3 zeigt das Endkapital bei exponentieller Verzinsung in Abhängigkeit der Verzinsungsdauer:

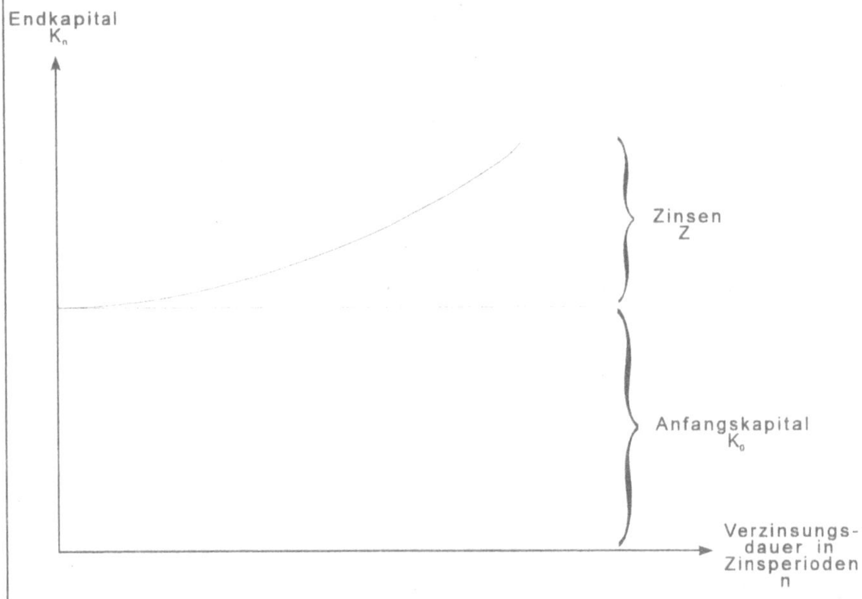

Abbildung 3: Wertverlauf bei exponentieller Verzinsung

Formt man die Endwertformel nach dem Anfangskapital K_0 um, so erhält man die Barwertformel bei exponentieller Abzinsung:

$$K_0 = K_n \cdot \frac{1}{(1+i_{ZPJ})^n} = \frac{K_n}{(1+i_{ZPJ})^n}$$

Der Bruch $1/(1+i_{ZPJ})^n$ stellt den **exponentiellen Abzinsungsfaktor** für eine Verzinsungsdauer von n Zinsperioden dar.

Kennt man Anfangskapital, Endkapital und Verzinsungsdauer, so läßt sich - wie bei der linearen Verzinsung - eine Formel für den zugrundeliegenden Zinssatz herleiten. Dies geschieht, indem man die Endkapitalformel entsprechend umformt:

$$K_n = K_0 \cdot (1 + i_{ZPJ})^n$$

$$i_{ZPJ} = \sqrt[n]{\frac{K_n}{K_0}} - 1$$

Will man bei ZPJ Zinsperioden pro Jahr den Periodenzinssatz i_{ZPJ} exponentiell in einen Jahreszinssatz $i_{(p.a.)}$ umrechnen, ist von folgender Gleichung auszugehen:

$$1 + i_{(p.a.)} = (1 + i_{ZPJ})^{ZPJ}$$

Löst man diese Gleichung nach $i_{(p.a.)}$ bzw. i_{ZPJ} auf, erhält man die Umrechnungsformeln:

$$i_{(p.a.)} = (1 + i_{ZPJ})^{ZPJ} - 1$$

$$i_{ZPJ} = \sqrt[ZPJ]{(1 + i_{(p.a.)})} - 1$$

Nur durch diese Art der Umrechnung ist gewährleistet, daß die exponentielle Verzinsung mit einem Periodenzinssatz zum gleichen Ergebnis führt wie die exponentielle Verzinsung mit einem Jahreszinssatz (solange in beiden Fällen die Dimension der Verzinsungsdauer mit jener des Zinssatzes übereinstimmt).

Aus Gründen der Vollständigkeit ist anzumerken, daß sämtliche präsentierten Formeln selbstverständlich sowohl bei ganzzahligen als auch bei gebrochenen Verzinsungsdauern verwendet werden können.

1.4.3 Lineare Verzinsung vs. Exponentielle Verzinsung

Aufgrund der außerordentlich hohen Bedeutung für Abschnitt 3 werden nun lineare und exponentielle Verzinsung ausführlich in ihrer Wirkung verglichen.

1.4.3.1 Aggregation und Disaggregation der Verzinsungsdauer

Um einen bestimmten Geldbetrag G zunächst über t_1 und dann über t_2 Zinsperioden exponentiell abzuzinsen, muß man ihn mit den beiden exponentiellen Abzinsungsfaktoren für t_1 und für t_2 multiplizieren. Diese lassen sich mathematisch zu einem einzigen exponentiellen Abzinsungsfaktor zusammenfassen:

$$G \cdot \frac{1}{(1+i_{ZPJ})^{t_1}} \cdot \frac{1}{(1+i_{ZPJ})^{t_2}} = G \cdot \frac{1}{(1+i_{ZPJ})^{t_1+t_2}}$$

Diese Gleichung kann folgendermaßen interpretiert werden: Eine (indirekte) zweimalige exponentielle Abzinsung (über die Zeiträume t_1 und t_2) führt zum gleichen Ergebnis wie eine (direkte) einmalige exponentielle Abzinsung (über die Summe der beiden Zeiträume $t_1 + t_2$).

Bei der exponentiellen Abzinsung ist also das Ergebnis **unabhängig von** der **Zusammenfassung** einzelner Teilverzinsungsdauern zu einer Gesamtverzinsungsdauer (Aggregation) bzw. von der **Zerlegung** der Verzinsungsdauer in einzelne Teilverzinsungsdauern (Disaggregation). Dies bringt den unschätzbaren Vorteil mit sich, daß man bei der exponentiellen Abzinsung anstatt z. B. viermal über eine Periode abzuzinsen genauso gut einmal über vier Perioden abzinsen kann, was den Rechenaufwand erheblich verringert.

Analysiert man die linearen Abzinsungsfaktoren, so erkennt man, daß bei der linearen Verzinsung diese Aggregations- bzw. Disaggregationsmöglichkeit nicht gilt.

Abbildung 4 veranschaulicht diese Gesetzmäßigkeit. Links ist die indirekte, zweimalige Abzinsung zu sehen, während der rechte Bereich die direkte, einmalige Abzinsung zeigt. Der bogenförmige Pfeil stellt die exponentielle Abzinsung dar. Der gerade Pfeil steht für die lineare Abzinsung.

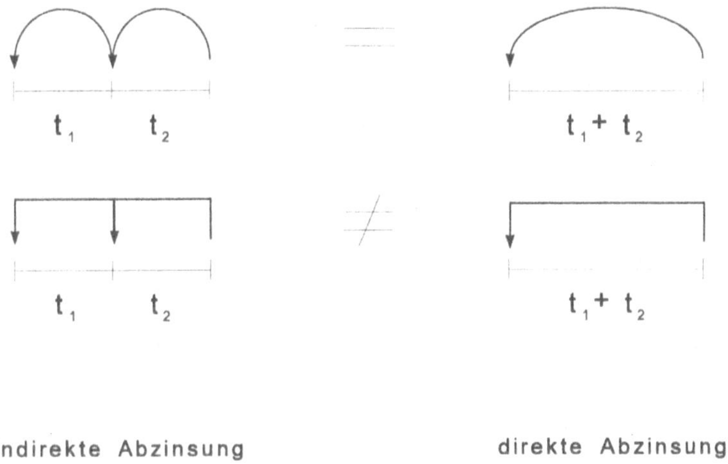

Abbildung 4: Aggregation bzw. Disaggregation der Verzinsungsdauer

Die beschriebene Möglichkeit bzw. Unmöglichkeit der Aggregation und der Disaggregation gilt selbstverständlich nicht nur für die Abzinsung, sondern gleichermaßen für die **Auf**zinsung.

Eine direkte Folge dieser (Dis-)Aggregationsmöglichkeit ist, daß eine exponentielle Aufzinsung um t_1 Perioden mit anschließender exponentieller Abzinsung um $(t_1 + t_2)$ Perioden zum gleichen Ergebnis führt wie eine direkte exponentielle Abzinsung um t_2 Perioden. Ebenso führt eine exponentielle Aufzinsung um $(t_1 + t_2)$ Perioden mit anschließender Abzinsung um t_1 Perioden zum gleichen Resultat wie eine direkte exponentielle Aufzinsung um t_2 Perioden. Für die lineare Verzinsung gilt dies nicht! (Dieses Phänomen ist von sehr großer Bedeutung für Abschnitt 3.)

Die gezeigten Aggregations- und Disaggregationsmöglichkeiten stellen somit einen großen Vorteil der exponentiellen Verzinsung gegenüber der linearen Verzinsung dar.

1.4.3.2 Ergebnisvergleich

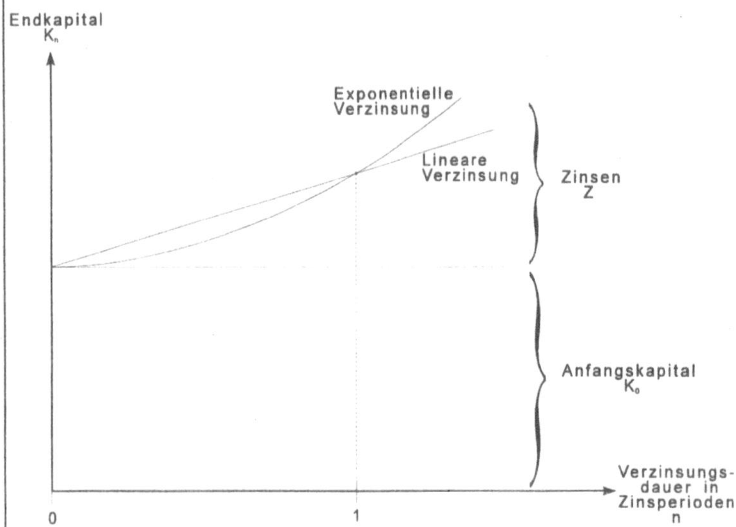

Abbildung 5: Gegenüberstellung der Wertverläufe bei linearer und exponentieller Verzinsung

Abbildung 5 zeigt eine Gegenüberstellung der Wertverläufe bei linearer und bei exponentieller Verzinsung (unter Verwendung eines Periodenzinssatzes). Die Abbildung stellt zwar nur den Vorgang der Aufzinsung dar. Die daraus abgeleiteten Schlüsse gelten jedoch gleichermaßen für die Abzinsung.

Aus Abbildung 5 ist deutlich zu sehen, daß drei unterschiedliche Bereiche existieren:

1) Ist die Verzinsungsdauer **kürzer** als eine Zinsperiode, so wirkt die **lineare Verzinsung** stärker als die exponentielle Verzinsung. Das bedeutet, daß sich bei der linearen Aufzinsung (von einem bestimmten Anfangskapital ausgehend) ein **höherer Endwert** als bei der exponentiellen Aufzinsung ergibt bzw. daß bei der linearen Abzinsung (von einem bestimmten Endkapital

ausgehend) ein **geringerer Barwert** als bei der exponentiellen Abzinsung entsteht.

2) Wenn die Verzinsungsdauer **exakt** einer Zinsperiode **entspricht**, wirken diese beiden Verzinsungsformen gleich stark. Sie führen sowohl bei der Aufzinsung als auch bei der Abzinsung zum **gleichen Ergebnis**.

3) Ist die Verzinsungsdauer **länger** als eine Zinsperiode, wirkt die **exponentielle Verzinsung** stärker als die lineare Verzinsung (d. h. **höherer Endwert** bzw. **geringerer Barwert**).

Diese drei unterschiedlichen Bereiche sind auch anhand von Beispiel 3 klar zu erkennen:

BEISPIEL 3: Endwert bei linearer und exponentieller Verzinsung

Wie hoch ist der Endwert K_n eines Anfangskapitals K_0 in Höhe von 100 bei linearer bzw. exponentieller Aufzinsung um

1) 0,5 Jahre
2) 1 Jahr
3) 1,5 Jahre

bei jährlicher Verzinsung von 10 %?

Lösung:

Aufgrund der jährlichen Verzinsung entspricht eine Zinsperiode einem Jahr. Der Periodenzinssatz (= Jahreszinssatz) beträgt 0,10. Die Verzinsungsdauer ist je nach Aufgabe 0,5/1/1,5 Zinsperioden (= Jahre). Unter Verwendung der Formeln für die lineare und die exponentielle Aufzinsung läßt sich folgende Lösungstabelle erstellen:

Verzinsungsdauer n	Endwert bei linearer Aufzinsung $K_n = 100 \cdot (1 + 0{,}1 \cdot n)$	Endwert bei exponentieller Aufzinsung $K_n = 100 \cdot (1 + 0{,}1)^n$
0,5	**105**	104,88
1	**110**	**110**
1,5	115	**115,37**

Nun soll noch ein weiteres für Abschnitt 3 bedeutendes Phänomen näher beleuchtet werden. Für den Fall, daß die **Verzinsungsdauer unter einer Zinsperiode** liegt, gilt:

Eine exponentielle Aufzinsung mit anschließender exponentieller Abzinsung um dieselbe Verzinsungsdauer ergibt natürlich das Ausgangskapital. Da eine lineare Aufzinsung stärker als eine exponentielle Aufzinsung wirkt, muß eine **lineare Aufzinsung mit anschließender exponentieller Abzinsung** zu einem Barwert führen, der höher als das Ausgangskapital ist (obwohl sich beide Beträge auf denselben Zeitpunkt beziehen).

Ein umgekehrtes Ergebnis erhält man bei **exponentieller Aufzinsung mit anschließender linearer Abzinsung**: Eine exponentielle Aufzinsung mit nachfolgender exponentieller Abzinsung führt natürlich zum Ausgangskapital. Eine lineare Abzinsung wirkt stärker als die exponentielle Abzinsung. Daher muß bei der exponentiellen Aufzinsung mit einer anschließenden linearen Abzinsung der Barwert geringer als das Ausgangskapital sein.

Nun zu einem weiteren für Abschnitt 3 wesentlichen Punkt: Wenn man bei gegebenem Anfangs- und Endkapital den der exponentiellen bzw. der linearen Verzinsung zugrundeliegenden Zinssatz berechnen möchte, gibt es wieder die drei bereits beschriebenen Bereiche:

1) Ist die Verzinsungsdauer kürzer als eine Zinsperiode, so ist der zugrundeliegende Zinssatz bei der **exponentiellen Verzinsung** höher als bei der linearen.

2) Wenn die Verzinsungsdauer genau eine Zinsperiode beträgt, ist der zugrundeliegende Zinssatz bei beiden Verzinsungsformen **gleich**.

3) Ist die Verzinsungsdauer länger als eine Zinsperiode, so ist der zugrundeliegende Zinssatz bei der **linearen Verzinsung** höher als bei der exponentiellen.

Diese drei Teilbereiche lassen sich anhand von Beispiel 4 nachvollziehen:

BEISPIEL 4: Berechnung des zugrundeliegenden Zinssatzes

Ein Anfangskapital K_0 in Höhe von 100 Geldeinheiten ist bei jährlicher Verzinsung innerhalb einer bestimmten Verzinsungsdauer auf ein Endkapital K_n in Höhe von 110 angewachsen.

Wie hoch ist der zugrundeliegende Jahreszinssatz bei linearer bzw. bei exponentieller Verzinsung, wenn die Verzinsungsdauer

1) 0,5 Jahre
2) 1 Jahr
3) 1,5 Jahre

betragen hat?

Lösung:

Wieder entspricht eine Zinsperiode einem Jahr, da es sich um jährliche Verzinsung handelt. Der gesuchte Jahreszinssatz ist daher identisch mit dem Periodenzinssatz. Die folgende Lösungstabelle erhält man, indem man in die Formeln für den zugrundeliegenden Zinssatz bei linearer bzw. exponentieller Verzinsung für K_0 den Wert 100, für K_n den Wert 110 und für n die entsprechende Verzinsungsdauer einsetzt:

Verzinsungsdauer n	Zugrundeliegender Zinssatz (linear) $i_{ZPJ} = \frac{\frac{110}{100} - 1}{n}$	Zugrundeliegender Zinssatz (exponentiell) $i_{ZPJ} = \sqrt[n]{\frac{110}{100}} - 1$
0,5	20 %	**21 %**
1	**10 %**	**10 %**
1,5	**6,67 %**	6,56 %

Bedeutend für Abschnitt 3 ist die Fragestellung, wie sich bei gegebenem Zahlungsstrom der zugrundeliegende Zinssatz verändert, wenn eine Zahlung über eine Verzinsungsdauer von weniger als einer Zinsperiode zunächst linear aufgezinst und dann um denselben Zeitraum exponentiell abgezinst wird. Der zugrundeliegende Zinssatz wird durch diesen Vorgang (künstlich) erhöht („renditeerhöhende Wirkung der linearen Aufzinsung").

1.4.4 Gemischte Verzinsung

In der Praxis wird häufig eine sogenannte „gemischte Verzinsung" vorgenommen. Bei dieser Verzinsungsform wird die Verzinsungsdauer n in einen ganzzahligen Teil n_{ganz} und einen gebrochenen Teil n_{gebr} aufgespalten. Im Bereich des ganzzahligen Teiles wird dann exponentiell verzinst, während im Bereich des gebrochenen Teiles eine lineare Verzinsung vorgenommen wird.[5)] Dies ergibt folgende Formeln für die gemischte **Aufzinsung bzw. Abzinsung**:

[5] Dahinter steht die sehr realistische Annahme, daß entweder der Beginn oder das Ende der Verzinsungsdauer auf einen Zinstermin fällt.

$$K_n = K_0 \cdot (1 + i_{ZPJ})^{n_{ganz}} \cdot (1 + i_{ZPJ} \cdot n_{gebr})$$

$$K_0 = \frac{K_n}{(1 + i_{ZPJ})^{n_{ganz}} \cdot (1 + i_{ZPJ} \cdot n_{gebr})}$$

Bei der gemischten Verzinsung hängt das Ergebnis stark von der Wahl der Zinsperiode ab. In der Praxis wird meist (z. B. bei Spareinlagen) als Zinsperiode ein Jahr gewählt (jährliche Verzinsung), d. h. für i_{ZPJ} ist ein Jahreszinssatz $i_{(p.a.)}$ einzusetzen, und die Dimension der Verzinsungsdauer n ist Jahre.

BEISPIEL 5: Gemischte Verzinsung

Die in den Beispielen 1 und 2 berechnete Restlaufzeit der Anleihe „XYZ" betrug 3,7 Jahre. Nehmen wir an, daß genau nach Ablauf dieser 3,7 Jahre eine Zahlung in Höhe von 10,2 anfällt.

Wie hoch ist der Barwert dieser Zahlung nach der gemischten Verzinsung, wenn der Zinssatz 10 % p. a. (bei jährlicher Verzinsung) beträgt?

Lösung:

Die Zahlung in Höhe von 10,2 stellt das Endkapital K_n dar. Bei einer jährlichen Verzinsung in Höhe von 10 % haben der Periodenzinssatz i_{ZPJ} und der Jahreszinssatz $i_{(p.a.)}$ den Wert 0,1. Die Verzinsungsdauer von 3,7 Zinsperioden (Jahre) wird in einen ganzzahligen Teil (n_{ganz} = 3 Zinsperioden = 3 Jahre) und in einen gebrochenen Teil (n_{gebr} = 0,7 Zinsperioden = 0,7 Jahre) aufgespalten. Gemäß der Formel für die gemischte Abzinsung beträgt der Barwert:

$$K_0 = \frac{10{,}2}{(1 + 0{,}1)^3 \cdot (1 + 0{,}1 \cdot 0{,}7)} = 7{,}162$$

1.4.5 Kritische Würdigung der Verzinsungsformen

Vergleicht man die drei beschriebenen Verzinsungsformen (lineare, exponentielle und gemischte Verzinsung), so ist der exponentiellen Verzinsung gegenüber den beiden anderen auf alle Fälle der Vorzug zu geben. Dies läßt sich folgendermaßen begründen:

Die **lineare Verzinsung** berücksichtigt den in der Realität vorhandenen Zinseszinseffekt überhaupt nicht (weil die Zinsen erst am Ende der Verzinsungsdauer zugeschlagen und daher nicht mitverzinst werden). Deshalb besteht auch keine Aggregations- bzw. Disaggregationsmöglichkeit von Verzinsungsdauern.

Die **gemischte Verzinsung** berücksichtigt den Zinseszinseffekt nur im Bereich der ganzen Zinsperioden. Im Bereich der gebrochenen Zinsperiode wird er hingegen vernachlässigt. Auch die Aggregations- bzw. Disaggregationsmöglichkeit von Verzinsungsdauern besteht nur im Bereich ganzer Zinsperioden.

Als Argument für die gemischte Verzinsung (bezogen auf Jahre) wird oft vorgebracht, daß bei Konten in der Praxis nur einmal pro Jahr die Zinsen zugeschlagen werden. Für Verzinsungsdauern von unter einem Jahr erfolge in der Praxis nur eine lineare Verzinsung. Dieser Tatsache müsse man durch eine gemischte Verzinsung mit Zinsperioden von der Länge eines Jahres gerecht werden.

Dies ist allerdings ein Scheinargument, da es inzwischen bereits genügend Veranlagungsformen gibt, bei denen Geldbeträge extrem kurzfristig angelegt werden können (z. B. Taggeld, Geldmarktfonds, usw.). Bei diesen Anlageformen kommt es sehr wohl auch innerhalb eines Jahres zu Zinszuschlägen.

Die gemischte Verzinsung ist an diese kurzfristigen Anlageformen anzupassen, indem man Zinsperioden wählt, die kürzer als ein Jahr sind. Wenn man die Länge einer Zinsperiode nun immer stärker verkürzt (Jahr, Halbjahr, Quartal, Monat, Woche, Tag), wird der Bereich der ganzen Zinsperioden (in dem der Zinseszinseffekt berücksichtigt wird) immer größer. Im Extremfall (Taggeld-Anlage) gelangt man zu einer Zinsperiode von einem Tag. Dann gibt es keine gebrochene Zinsperiode mehr, und der Zinseszinseffekt wird während der gesamten Verzinsungsdauer berücksichtigt. Die gemischte Verzinsung wurde somit in die exponentielle Verzinsung übergeleitet.

Diese **exponentielle Verzinsung** bleibt die einzige Möglichkeit, den Zinseszinseffekt finanzmathematisch korrekt zu berücksichtigen. Außerdem ist sie die einzige Verzinsungsform, bei der für die gesamte Verzinsungsdauer eine Aggregations- bzw. Disaggregationsmöglichkeit besteht.

Die Kenntnisse der Vor- und Nachteile der einzelnen Verzinsungsformen ist besonders wichtig für eine kritische Beurteilung der Renditemethoden in Abschnitt 3.

1.5 DAS LÖSEN VON GLEICHUNGEN HÖHERER ORDNUNG

Bevor wir uns näher der Anleihenbewertung zuwenden können, ist die Wiederholung folgender rechentechnischer Fertigkeit sinnvoll.

Die Renditeberechnung erfordert in der Regel die Lösung einer Gleichung höherer Ordnung. Um eine solche Gleichung lösen zu können, ist das Gleichungsproblem durch Umformung in ein Nullstellenproblem umzuwandeln. Zum Auffinden der Nullstelle bieten sich dann zahlreiche mathematische Verfahren an. Die gängigsten Verfahren sind

- die Intervallhalbierung,
- die Lineare Interpolation („Regula Falsi", „Eingabeln"),
- die Quadratische Interpolation und
- das Newton-Verfahren („Newton-Raphson-Verfahren").

All diesen Verfahren ist gemeinsam, daß man die Nullstelle nicht berechnet, sondern sich iterativ durch eine Folge von (immer besser werdenden) Näherungswerten an die Nullstelle herantastet. Das einfachste, allerdings langsamste Verfahren ist die Intervallhalbierung. Das schnellste, jedoch komplexeste Verfahren ist jenes nach Newton.

Stellvertretend sei als Kompromiß zwischen Einfachheit, Schnelligkeit und allgemeiner Anwendbarkeit die lineare Interpolation erklärt. Abbildung 6 zeigt dieses Verfahren anhand der Funktion F(i):

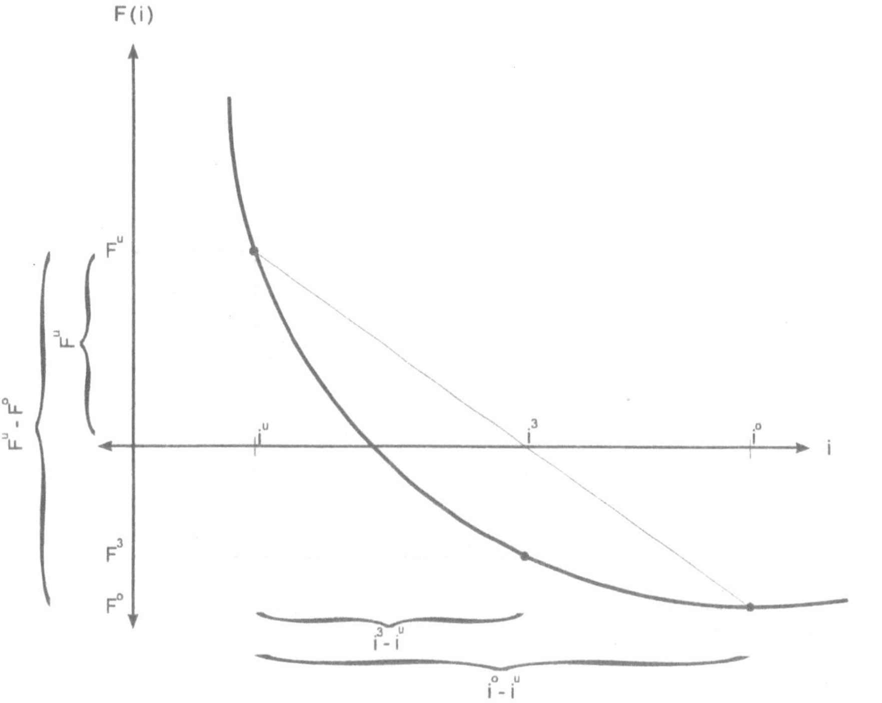

Abbildung 6: Lineare Interpolation

Für das Verfahren der Linearen Interpolation benötigt man zwei **Startwerte**, die beide möglichst nahe bei der Nullstelle liegen sollten, und von denen einer (im Vergleich zur noch unbekannten Nullstelle) zu hoch („oberer Startwert“: i^o) und einer zu niedrig („unterer Startwert“: i^u) sein sollte.

Für diese beiden Startwerte berechnet man durch Einsetzen in die Funktion F(i) die Funktionswerte F^o (Funktionswert von i^o) und F^u (Funktionswert von i^u). So erhält man zwei Punkte der Funktion: (i^u/F^u) und (i^o/F^o). Diese werden eingezeichnet und durch eine Gerade (Sehne, Sekante) verbunden. Der Schnittpunkt dieser Geraden mit der horizontalen Achse ist der nächste

Näherungswert i^3.[6] Dieser Näherungswert liegt immer näher bei der Nullstelle als einer der beiden Startwerte. In Abbildung 6 ist i^3 z. B. näher bei der Nullstelle als der obere Startwert i^o.

Der Näherungswert i^3 läßt sich aufgrund des Gesetzes der ähnlichen Dreiecke berechnen: Aus Abbildung 6 ist zu sehen, daß das Dreieck (i^u/F^u)-(i^u/F^o)-(i^o/F^o) und das Dreieck (i^u/F^u)-$(i^u/0)$-$(i^3/0)$ ähnliche Dreiecke sind. Für solche Dreiecke ist das Verhältnis der Vertikalseiten immer gleich dem Verhältnis der Horizontalseiten. Es gilt somit die folgende Proportion (samt anschließenden Umformungen):

$$\frac{F^u}{F^u - F^o} = \frac{i^3 - i^u}{i^o - i^u}$$

$$\frac{F^u}{F^u - F^o} \cdot \left(i^o - i^u\right) = i^3 - i^u$$

$$i^3 = i^u + F^u \cdot \frac{i^o - i^u}{F^u - F^o}$$

Aus gedächtnistechnischen Gründen empfiehlt es sich, aus dem Nenner den Faktor (-1) herauszuheben. Die Formel für den Näherungswert i^3 lautet dann:

$$i^3 = i^u - F^u \cdot \frac{i^o - i^u}{F^o - F^u}$$

Nach der Berechnung des Näherungszinssatzes i^3 setzt man diesen in die Funktion F(i) ein, um den Funktionswert F^3 zu erhalten. Das **Wertepaar (i^3/F^3)** ist wieder ein Punkt auf der Kurve F(i). Man kennt nun drei Punkte auf der Funktion, von denen man für die weitere Vorgangsweise jedoch nur zwei benötigt. Man kann es sich also nun leisten, **auf einen schlechten Näherungswert (d. h. auf einen der beiden Startwerte) zu verzichten**. Welchen der beiden Startwerte man streichen kann, hängt von folgenden Faktoren ab:

6 Die hochgestellte Ziffer 3 wird als hochgestellter Zählindex für die Variable i und nicht als Hochzahl von i interpretiert.

Für eine fallende Funktion F(i) gilt: Wenn F^3 positiv ist, ist i^3 zu gering (d. h. links von der gesuchten Nullstelle). Der Näherungswert i^3 liegt dann auf alle Fälle näher bei der gesuchten Nullstelle als der untere Startwert i^u. Aus diesem Grund ersetzt man den unteren Startwert i^u durch den besseren unteren Näherungswert i^3. Wenn F^3 negativ ist, ist i^3 zu hoch (d. h. rechts von der gesuchten Nullstelle). Der Näherungswert i^3 liegt dann jedenfalls näher bei der Nullstelle als der obere Startwert i^o. In diesem Fall ersetzt man den oberen Startwert i^o durch den besseren Näherungswert i^3.

Für steigende Funktionen F(i) gilt genau die gegenteilige Vorgangsweise. Wenn F^3 positiv ist, ist i^3 zu hoch (d. h. rechts von der gesuchten Nullstelle). Der Näherungswert i^3 liegt dann auf jeden Fall näher bei der Nullstelle als der obere Startwert i^o. Deshalb ersetzt man den oberen Startwert i^o durch den besseren oberen Näherungswert i^3. Wenn F^3 negativ ist, ist i^3 zu gering (d. h. links von der gesuchten Nullstelle). Der Näherungswert i^3 liegt dann jedenfalls näher bei der Nullstelle als der untere Startwert i^u. In diesem Fall ersetzt man den unteren Startwert i^u durch den besseren Näherungswert i^3.

Somit erhält man nun erneut (im Vergleich zur noch unbekannten Nullstelle) einen zu niedrigen und einen zu hohen Wert. Diese beiden Werte werden nun wieder als i^u und i^o bezeichnet und können gemeinsam mit den dazugehörigen Funktionswerten F^u und F^o zur Berechnung eines **(noch) besseren Näherungswertes i^4** herangezogen werden.

$$i^4 = i^u - F^u \cdot \frac{i^o - i^u}{F^o - F^u}$$

Der beschriebene Iterationsprozeß wird nun solange fortgesetzt, bis der Funktionswert des neuen (besseren) Näherungswertes hinreichend nahe bei 0 ist.

BEISPIEL 6: Lineare Interpolation

Es ist die folgende Gleichung mittels linearer Interpolation zu lösen:

$$90 = \frac{2}{1+i} + \frac{2}{(1+i)^2} + \frac{102}{(1+i)^3}$$

Nach groben Schätzungen wird angenommen, daß die Lösung dieser Gleichung zwischen 0,04 und 0,06 liegt.

Lösung:

Zunächst wird von beiden Seiten der Gleichung die Zahl 90 subtrahiert, um ein Nullstellenproblem zu erhalten:

$$F(i) = \frac{2}{1+i} + \frac{2}{(1+i)^2} + \frac{102}{(1+i)^3} - 90 = 0$$

Gesucht ist also nun die Nullstelle der Funktion F(i). Diese Nullstelle kann durch das Verfahren der linearen Interpolation gefunden werden.

Startwerte:

Als Startwerte werden $i^u = 0{,}04$ und $i^o = 0{,}06$ gewählt. Durch Einsetzen in die Funktion F(i) erhält man die Funktionswerte für diese beiden Startwerte: $F^u = 4{,}450$ und $F^o = -0{,}692$. Aus diesen beiden Funktionswerten läßt sich folgendes erkennen:

1) Keiner der beiden Funktionswerte ist 0. Daher ist keiner der Startwerte die gesuchte Nullstelle. Die Lösung muß somit iterativ ermittelt werden.

2) Die beiden Funktionswerte haben unterschiedliche Vorzeichen. Die gesuchte Nullstelle liegt daher zwischen den beiden Startwerten. Der Startwert i^u ist zu gering, und der Startwert i^o ist zu hoch. Die Annahme, daß die Lösung der

Gleichung bzw. die Nullstelle der Funktion zwischen 0,04 und 0,06 liegen wird, war somit richtig.

3) Der Wert von F^o ist niedriger als jener von F^u. Daraus folgt, daß F(i) im Bereich zwischen 0,04 und 0,06 eine fallende Funktion darstellt.

Damit kann mit der ersten Iteration begonnen werden.

1. Iteration:

Setzt man die beiden Wertepaare (0,04/4,450) und (0,06/-0,692) in die Iterationsformel ein, so erhält man den nächsten Näherungswert i^3:

$$i^3 = 0{,}04 - 4{,}45 \cdot \frac{0{,}06 - 0{,}04}{-0{,}692 - 4{,}45} = 0{,}0573$$

Durch Einsetzen von 0,0573 in F(i) bekommt man den Funktionswert F^3. Dieser Funktionswert beträgt - 0,020. Daraus läßt sich folgendes ersehen:

1) F^3 ist noch nicht ganz 0. Der Näherungswert i^3 ist also noch nicht die gesuchte Nullstelle. Es ist daher noch zumindest eine weitere Iteration erforderlich.

2) Der Wert von F^3 ist negativ. Da F(i) eine fallende Funktion ist, ist i^3 höher als die gesuchte Nullstelle und somit ein besserer Näherungswert als der obere Startwert i^o. Deshalb wird das obere Wertepaar (0,06/-0,692) durch das neue Wertepaar (0,0573/-0,02) ersetzt. Die neuen Daten für die zweite Iteration sind:

$$i^u = 0{,}0400 \Rightarrow F^u = 4{,}450$$
$$i^o = 0{,}0573 \Rightarrow F^o = -0{,}020$$

2. Iteration:

Die zweite Iteration erfolgt nun mit den beiden besseren Wertepaaren:

$$i^4 = 0{,}04 - 4{,}450 \cdot \frac{0{,}0573 - 0{,}04}{-0{,}020 - 4{,}450} = 0{,}0572$$

Setzt man 0,0572 in F(i) ein, so erhält man für F^4 einen Wert von 0,005. Man ist also bereits sehr nahe an der Nullstelle. Aus diesem Grund kann der Iterationsvorgang abgeschlossen werden. (Um noch genauere Ergebnisse zu erhalten, müßten weitere Iterationen folgen).

Die Nullstelle der Funktion F(i) liegt also an der Stelle 0,0572. Die Lösung der angegebenen Gleichung lautet:

$$\mathbf{i = 0{,}0572}$$

1.6 ERGÄNZENDE UND WEITERFÜHRENDE LITERATUR

Da die einzelnen Unterscheidungsmerkmale und Typen von Anleihen nicht im Vordergrund dieses Handbuches stehen sollen, wurden sie bewußt nur sehr kurz behandelt. Für nähere Details ist ein Blick in das Buch **„Anleihen" von Löffler** (1987, Verlag Paul Haupt) und in das **„Handbuch für Wertpapiere" von Zirkounig/Eichler/Schmit** (1991 herausgegeben vom Arbeitskreis „Basis-information Wertpapiere") zu empfehlen. Beide Bücher gehen sehr ausführlich auf die einzelnen Anleihentypen und deren charakteristische Merkmale ein. Ebenso bietet sich zu diesem Zweck das Buch **„Wertpapiere in Theorie und Praxis" von Harter/Franke/Hogrefe/Seger** (herausgegeben 1990 vom Deutschen Sparkassenverlag) an, das gut strukturiert neben einer ausführlichen typologischen Darstellung insbesondere die börserechtliche Sicht behandelt.

Als Nachschlagewerke für die Berechnung von Zeitdifferenzen und die Verzinsungsformen seien das Buch **„Finanzmathematik" von Bosch** (1990, Oldenbourg-Verlag), die gleichnamigen Bücher von **Caprano/Gierl** (1990, Vahlen-Verlag), **Ihrig/Pflaumer** (1991, Oldenbourg-Verlag), **Locarek** (1991, Oldenbourg-Verlag) und **Kobelt/Schulte** (1995, Verlag „Neue Wirtschafts-briefe") sowie das Buch **„Grundlagen der Wirtschaftsmathematik" von Volkmann** (1989, Springer-Verlag) empfohlen.

Nähere Informationen zu den Lösungsalgorithmen für Gleichungen höherer Ordnung bieten mathematische Grundbücher. So ist z. B. sowohl das Verfahren der Intervallhalbierung als auch jenes der linearen Interpolation im Buch **„Mathematik für Wirtschaftswissenschaftler und Finanzmathematik" von Hettich/Jüttler/Luderer** (1996, Oldenbourg-Verlag) zu finden. Dieses Buch erklärt die Verfahren leicht verständlich und anschaulich anhand einiger Abbildungen. Eine ausführliche Darstellung alternativer Verfahren (unterstützt durch Abbildungen und Beispiele) findet sich auch in **„Finanzmathematik" von Kruschwitz** (1995, Vahlen-Verlag).

ABSCHNITT 2: STÜCKZINSEN

Beim Kauf einer Anleihe zwischen zwei Kuponterminen fallen sogenannte „Stückzinsen“ an. Dieser Umstand spielt im Rahmen der Anleihenbewertung eine bedeutende Rolle und ist daher in Vorbereitung auf die Renditeberechnung näher zu beleuchten.

2.1 DAS KONZEPT DER STÜCKZINSEN

Im Zusammenhang mit dem Kauf einer Anleihe ist zwischen den Begriffen „Auftragstag“ und „Valutatag“ zu unterscheiden: Der **Auftragstag** ist jener Tag, an dem der Kaufauftrag für die Anleihe abgegeben wird. Der **Valutatag** ist jener Tag, an dem die Wertstellung des Kaufs erfolgt (d. h. jener Tag, mit dem der Kauf wirksam wird). Maßgeblich für die Stückzinsenberechnung (und für die gesamte Bewertung der Anleihe) ist allein der Valutatag.

Wenn eine Anleihe zwischen zwei Kuponterminen den Besitzer wechselt, sind bereits Zinsen vom vorangegangenen Kupontermin bis zum Valutatag aufgelaufen. Man könnte sagen: Der Verkäufer der Anleihe hat diese Zinsen bereits verdient. Der nächste Kupon müßte daher zwischen Verkäufer und Käufer aufgeteilt werden. Der Verkäufer sollte die Zinsen für den Zeitraum vom vorangegangenen Kupontermin bis zum Valutatag bekommen, der Käufer die Zinsen für den Zeitraum vom Valutatag bis zum nächsten Kupontermin (vgl. Abbildung 7).

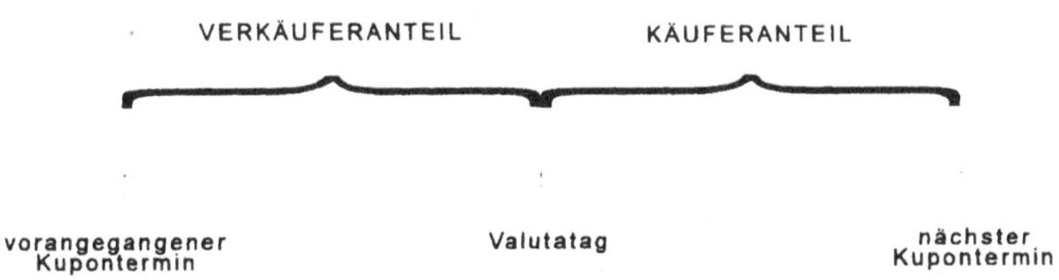

Abbildung 7: Aufteilung des Kupons zwischen Verkäufer und Käufer

Aus verwaltungstechnischen Gründen wird diese Kuponaufspaltung aber nicht durchgeführt, sondern der Käufer erhält den gesamten Kupon.[7)]

Als Entschädigung muß der Käufer dem Verkäufer jenen Teil der Zinsen ersetzen, den der Verkäufer zwar verdient, aber nicht erhalten hat. Dies erfolgt durch Berichtigung des **„Nettokurses“** (Börsenkurs gemäß Kursblatt)[8)] in Form eines Zuschlags. Dieser Zuschlag wird als **„Stückzinsen“** bezeichnet. Der so berichtigte Kurs ist der **„Bruttokurs“**. Die drei neuen Begriffe hängen also folgendermaßen zusammen:

Nettokurs	$P_{0,N}$
+ Stückzinsen	SZ
= Bruttokurs	$P_{0,B}$

2.2 DIE BERECHNUNG DER STÜCKZINSEN

Die bis zum Valutatag aufgelaufenen Zinsen werden in der Praxis (aus Vereinfachungsgründen) linear berechnet, d. h. es wird eine lineare Verzinsung zwischen den Kuponterminen unterstellt. Um zu berechnen, wieviel an Zinsen dem Verkäufer zustehen, wendet man die Formel für die Zinsen bei linearer Verzinsung ($Z = K_0 \bullet i_{ZPJ} \bullet n$) an, wobei die Variablen K_0, i_{ZPJ} und n folgendermaßen spezifiziert werden:

1) Für das Anfangskapital K_0 wird der Nominalwert der Anleihe in Höhe von 100 eingesetzt:

$$K_0 = 100$$

[7] Vom Fall eines Kaufs nach der Kuponabtrennung wird abgesehen, da aufgrund der in jüngster Zeit erfolgten Usancenänderungen in Deutschland und Österreich dieser Fall außerordentlich selten bzw. unmöglich geworden ist.

[8] Da fast alle Anleihen exklusive Stückzinsen notieren, wird auf die Notierung inklusive Stückzinsen nicht näher eingegangen.

2) Der (Perioden)zinssatz i_{ZPJ} wird durch den (linear umgerechneten) nominellen Periodenzinssatz der Anleihe ersetzt.

Der nominelle Periodenzinssatz der Anleihe läßt sich folgendermaßen bestimmen: Die Nominalverzinsung - dargestellt durch die Variable p - ist der nominelle Jahreszins**fuß**. Um den nominellen Jahreszins**satz** zu erhalten, dividiert man durch 100. Den **Perioden**zinssatz (= nomineller Zinssatz pro Kuponperiode) erhält man anschließend, indem man durch die Kuponhäufigkeit m dividiert:

$$i_{ZPJ} = \frac{\frac{p}{100}}{m} = \frac{p}{m \cdot 100}$$

3) Für die Verzinsungsdauer n wird der (in Kuponperioden ausgedrückte) Zeitraum vom vorangegangenen Kupontermin bis zum Valutatag (ausgewertet nach der Methode 30/360) eingesetzt. Dieser Zeitraum berechnet sich wie folgt:

Die Variable tg sei die Anzahl der Tage vom Valutatag bis zum nächsten Kupontermin. Diese Variable kann ganzzahlige Werte von 1 (Valutatag ein Tag vor dem nächsten Kupontermin) bis 360/m (Valutatag = Kupontermin - der nächste Kupontermin liegt genau eine Kuponperiode, d. h. 360/m Tage, nach dem Valutatag) annehmen. Den Zeitraum vom vorangegangenen Kupontermin bis zum Valutatag erhält man, indem man von der Anzahl der Tage innerhalb einer Kuponperiode - das sind 360/m Tage - den Wert der Variable tg abzieht:

$$\frac{360}{m} - tg$$

Dies ist der in Tagen ausgedrückte Zeitraum vom vorangegangenen Kupontermin bis zum Valutatag. Da zur Berechnung der Stückzinsen ein Zinssatz pro Kuponperiode verwendet wird, ist dieser Zeitraum noch in Kuponperioden umzurechnen, um den Wert für die Verzinsungsdauer n zu bekommen. Dies erfordert eine Division durch den Faktor 360/m:

$$n = 1 - \frac{tg \cdot m}{360}$$

Setzt man nun diese drei Komponenten in die Zinsformel $Z = K_0 \bullet i_{ZPJ} \bullet n$ ein, so erhält man folgende **Stückzinsenformel**:

$$SZ = 100 \cdot \frac{p}{m \cdot 100} \cdot \left(1 - \frac{tg \cdot m}{360}\right) = \frac{p}{m} \cdot \left(1 - \frac{tg \cdot m}{360}\right)$$

Diese Formel läßt sich auch folgendermaßen interpretieren: Die nominelle Jahresverzinsung p ist (bei einem angenommenen Nominale von 100) die jährliche Zinszahlung (für den ersten Kupontermin). Der Ausdruck p/m ist daher der (Jahres- oder Perioden-)Kupon der Anleihe. Der Inhalt der runden Klammer entspricht genau der Behaltedauer für den Verkäufer. Somit ist aus der Stückzinsenformel zu erkennen, daß der Käufer dem Verkäufer entsprechend der Behaltedauer einen aliquoten Teil des Kupons p/m bezahlen muß.

2.3 GRAFISCHE DARSTELLUNG

Setzt man in die Stückzinsen-Formel bei gegebener Nominalverzinsung p und gegebener Kuponhäufigkeit m verschiedene Werte für die Variable tg ein, so erhält man den in Abbildung 8 dargestellten Verlauf des Bruttokurses bei konstantem Nettokurs:

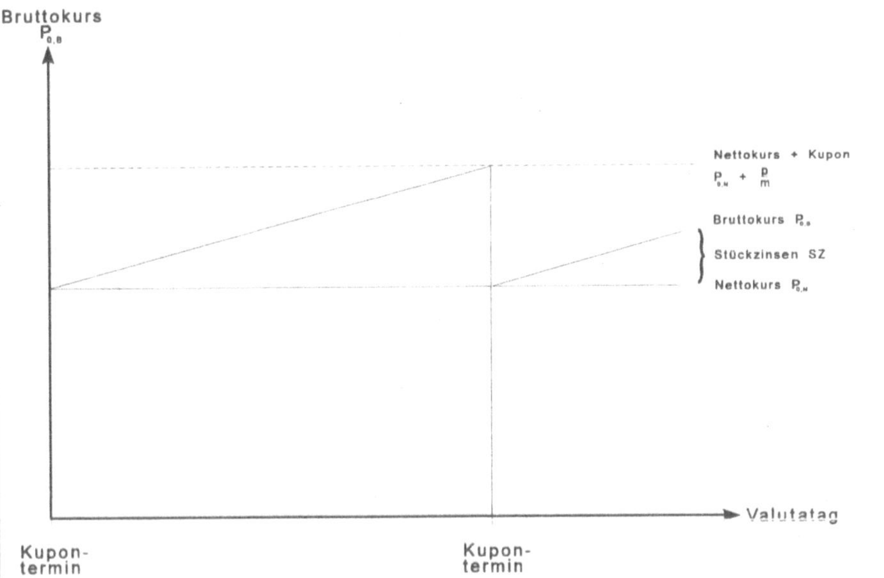

Abbildung 8: Bruttokurs in Abhängigkeit vom Valutatag

Es ist zu sehen, daß die Stückzinsen umso höher sind, je näher der Valutatag beim nächsten Kupontermin liegt.

2.4 SPEZIALFALL: KAUF ZU EINEM KUPONTERMIN

Wird eine Anleihe genau zu einem Kupontermin erworben (Valutatag an einem Kupontermin), so sind die Stückzinsen null. Dies läßt sich anhand der Stückzinsen-Formel leicht nachvollziehen.

Der **nächste** Kupontermin liegt in diesem Fall genau eine Kuponperiode nach dem Valutatag. Daraus gewinnt man den Wert der Variable tg:

$$tg = \frac{360}{m}$$

Setzt man dies in die Stückzinsenformel ein, so erhält man (unabhängig vom Wert von p und m):

$$SZ = \frac{p}{m} \cdot (1 - 1) = 0$$

Dieses Ergebnis ist natürlich auch aus Abbildung 8 ersichtlich.

2.5 BEISPIEL

Zum Abschluß von Abschnitt 2 soll die Stückzinsenberechnung anhand eines Beispiels noch einmal zusammengefaßt werden:

BEISPIEL 7: Berechnung von Stückzinsen und Bruttokurs

Die aus Abschnitt 1 bekannte Serienanleihe „XYZ“ mit einem Nominale von 100, einer Nominalverzinsung von 8 % p. a., vier Kuponterminen pro Jahr (der 13. 2., der 13. 5., der 13. 8. sowie der 13. 11.) und einem Börsenkurs von 99 per 1. 3. 1997 soll mit Valuta 1. 3. 1997 gekauft werden.

1) Wie hoch sind die Stückzinsen?
2) Wie hoch ist der Bruttokurs?

Lösung:

1. Berechnung der Stückzinsen

Die Berechnung der Stückzinsen ist auf drei (eng verwandte) Arten möglich. Um die Interpretation der hergeleiteten Stückzinsenformel zu erleichtern, werden sämtliche Varianten vorgestellt:

Variante A:

Bei einem nominellen Jahreszinssatz von 0,08 (8 %) und vier Kuponterminen pro Jahr ist der nominelle Zinssatz pro Kuponperiode (Quartalszinssatz) 0,02.

Es sind Stückzinsen für den Zeitraum vom 13. 2. 1997 (vorangegangener Kupontermin) bis zum 1. 3. 1997 (Valutatag) zu berechnen. Dies sind 18 Tage. Diese 18 Tage müssen in Kuponperioden (Quartale) umgerechnet werden:

$$\frac{18}{90} = 0{,}2 \text{ Kuponperioden}$$

Berechnet man für ein Kapital von 100 (Nominale) für diesen Zeitraum mit dem berechneten Quartalszinssatz von 0,02 linear die Zinsen, so erhält man die Stückzinsen:

$$SZ = 100 \cdot 0{,}02 \cdot 0{,}2 = 0{,}4$$

Variante B:

Da das Nominale 100 und die jährliche Nominalverzinsung 8% beträgt, ist der jährliche Zinsbetrag 8. Die Höhe eines (Quartals-)Kupons entspricht daher genau (8/4 =) 2.

Der Zeitraum vom 13. 2. 1997 bis zum 1. 3. 1997 umfaßt genau 0,2 Kuponperioden - somit 20 % einer Kuponperiode (Berechnung: vgl. Variante A). Vom Kupon in Höhe von 2 gebühren also 20 % dem Verkäufer. Genau dieser Betrag wird in Form von Stückzinsen verrechnet:

$$SZ = 2 \cdot 0{,}2 = 0{,}4$$

Variante C:

Am schnellsten kommt man natürlich zum Ergebnis, wenn man in die hergeleitete **Stückzinsenformel** einsetzt.

Dazu ist der Wert der Variable tg zu bestimmen. Dieser entspricht der Anzahl der Tage vom 1. 3. 1997 bis zum 13. 5. 1997. Das sind 72 Tage.

Setzt man nun die Werte für die Variablen p, m und tg in die Stückzinsenformel ein, so erhält man die Stückzinsen:

$$SZ = \frac{8}{4} \cdot \left(1 - \frac{72 \cdot 4}{360}\right) = 0{,}4$$

Das Ergebnis ist natürlich identisch mit den in den Varianten A und B errechneten Resultaten. Die Stückzinsenberechnung läßt sich durch diese Formel allerdings beschleunigen.

2. Berechnung des Bruttokurses:

Wenn man nun zum Nettokurs von 99 die Stückzinsen von 0,4 addiert, erhält man den Bruttokurs in Höhe von 99,4. Allein dieser ist für die Renditeberechnung ausschlaggebend.

2.6 ERGÄNZENDE UND WEITERFÜHRENDE LITERATUR

Als ergänzende Literatur für das Themengebiet „Stückzinsen" bietet sich das Buch **„Festverzinsliche Wertpapiere - Geld verdienen mit Renten"** von **Weisensee** (1992, Rudolf-Haufe-Verlag) an. Dieses Buch beschreibt kurz und prägnant, jedoch vollständig, anhand eines Beispiels die Stückzinsenberechnung und erläutert den Einfluß der Stückzinsen auf die Rendite.

Einen ausgezeichneten Überblick vermittelt auch **„Wertpapiere in Theorie und Praxis"** von **Harter/Franke/Hogrefe/Seger** (1990, Deutscher Sparkassenverlag). In diesem Buch wird (neben genauen Informationen zur Praxis der Wertstellung einer Anleihentransaktion) auch auf sogenannte „negative Stückzinsen" bzw. auf die „Notierung von Anleihen inklusive Stückzinsen" eingegangen. Da aufgrund von Usancenänderungen in Deutschland und Österreich beide Szenarien heute praktisch nicht mehr vorkommen, wurden diese Teilbereiche im vorliegenden Handbuch der Renditeberechnung nicht behandelt.

Über die Inhalte dieses Handbuches hinaus sind die Ausführungen von **Uhlir und Steiner** in ihrem Buch **„Wertpapieranalyse“** (1994, Physica-Verlag) ausgesprochen interessant. Die beiden Autoren stellen zusätzlich zur Stückzinsenberechnung der Praxis eine finanzmathematisch exakte Methode der Stückzinsenberechnung vor (Stückzinsenberechnung mittels exponentieller Verzinsung).

ABSCHNITT 3: DIE RENDITE

Die in diesem Handbuch beschriebene Rendite einer Anleihe ist ihr Interner Zinsfuß. Die Methode des Internen Zinsfußes beruht auf den folgenden Überlegungen:

Jede Anleihe erzeugt einen bestimmten Strom von Rückflüssen (Kuponzahlungen und Tilgungszahlungen). Um die einzelnen Rückflüsse vergleichbar zu machen, benötigt man einen gemeinsamen Bezugszeitpunkt. Als Bezugszeitpunkt wird in Folge der Tag der Renditeberechnung gewählt. Es wird also vom **Barwertkonzept** ausgegangen.

Durch Abzinsen sämtlicher Rückflüsse zum Zeitpunkt der Renditeberechnung erhält man den Barwert aller Rückflüsse aus der Anleihe. Die Summe der Barwerte (Wert der Anleihe) vergleicht man mit dem Bruttokurs (Preis der Anleihe), den man bei einem Kauf mit Wertstellung (Valuta) am Tag der Renditeberechnung zahlen müßte. Je nach verwendetem Zinssatz bekommt man für den Barwert der Rückflüsse natürlich unterschiedliche Ergebnisse. Jener Zinssatz, bei dem die Summe aller Rückflußbarwerte gleich hoch ist wie der Bruttokurs, ist die Rendite. Die Gleichung, die entsteht, wenn man den Barwert der Rückflüsse mit dem Bruttokurs gleichsetzt, nennt man **Renditegleichung**.

Die Renditeberechnung erfolgt durch Lösen dieser Renditegleichung, wobei es ratsam ist, folgende Umformung vorzunehmen: Zieht man auf beiden Seiten der Gleichung den Bruttokurs ab, so erhält man auf der einen Seite 0 und auf der anderen Seite den Wert der Anleihe (Barwert sämtlicher Rückflüsse) abzüglich dem Preis der Anleihe (Bruttokurs). Diese Differenzgröße bezeichnet man als den Nettowert der Anleihe („Net Present Value“). Die Rendite läßt sich daher ebenso definieren als jener Zinssatz, bei dem der Nettowert null ist. Dieser Nettowert ist im übrigen immer eine fallende Funktion des Zinssatzes (da die Rückflüsse umso stärker abgezinst werden, je höher der Zinssatz ist).

Eine alternative Definition der Rendite beruht auf dem Konzept des **Vergleichskontos**: Ein Vergleichskonto ist ein fiktives staffelförmiges Konto, das die effektive Kapitalentwicklung während der Restlaufzeit der Anleihe auf Basis der vorgegebenen Rückflüsse zeigt. Dieses Vergleichskonto wird wie ein debitorisches Kontokorrentkonto geführt: Es wird mit einer Auszahlung in Höhe des Bruttokurses eröffnet. Dies entspricht einer fiktiven Kreditaufnahme. Zu jedem Kupontermin der Anleihe erfolgt eine Einzahlung auf dieses Vergleichskonto in Höhe des Rückflusses, wodurch der negative Saldo des Vergleichskontos sinkt. Dies entspricht einer fiktiven Kreditrückzahlung. Zu jedem Zinszuschlagstermin des Vergleichskontos wird das Konto mit den auf Basis des Saldos errechneten Zinsen belastet. Durch diese Zinsbelastung steigt der Saldo des Vergleichskontos.

Die Rendite ist nun jener Zinssatz, mit dem das Vergleichskonto verzinst werden müßte, um am Ende der Anleihenlaufzeit ausgeglichen zu sein. Beispiele für solche Vergleichskonten folgen an späterer Stelle.

Die Annahmen über das Vergleichskonto bestimmen, wie die Rückflüsse aus der Anleihe abgezinst werden. Beide oben genannten Definitionen sind daher deckungsgleich.

Bevor näher auf die Berechnung der Rendite eingegangen werden kann, sind einige Vorarbeiten erforderlich. Diese sind Gegenstand des nächsten Kapitels.

3.1 VORARBEITEN

3.1.1 Definitionen

3.1.1.1 Begriffsdefinitionen

Die **Restlaufzeit in Jahren** ist die Restlaufzeit der Anleihe, ausgedrückt in Jahren. Sie kann in einen ganzzahligen und in einen gebrochenen Teil aufgespalten werden.

Der **ganzzahlige** Teil der Restlaufzeit in Jahren (kurz: ganzzahlige Restlaufzeit in Jahren) ist jener Teil der Restlaufzeit, der ganze Jahre darstellt.

Der **gebrochene** Teil der Restlaufzeit in Jahren (kurz: gebrochene Restlaufzeit in Jahren) ist jener Teil der Restlaufzeit in Jahren, der kein ganzes Jahr umfaßt.

BEISPIEL 8: Aufspaltung der Restlaufzeit in Jahren

Die Restlaufzeit der Anleihe „XYZ" vom 1. 3. 1997 bis zum 13. 11. 2000 (3,7 Jahre) kann folgendermaßen aufgespalten werden:

ganzzahlige Restlaufzeit in Jahren = 3
gebrochene Restlaufzeit in Jahren = 0,7
Restlaufzeit in Jahren = 3,7

Die Restlaufzeit einer Anleihe kann genauso gut in Kuponperioden ausgedrückt werden. Die **Restlaufzeit in Kuponperioden** läßt sich wieder in zwei Bestandteile aufspalten:

Der **ganzzahlige** Teil der Restlaufzeit in Kuponperioden (kurz: ganzzahlige Restlaufzeit in Kuponperioden) ist jener Teil der Restlaufzeit, der ganze Kuponperioden darstellt.

Der **gebrochene** Teil der Restlaufzeit in Kuponperioden (kurz: gebrochene Restlaufzeit in Kuponperioden) ist jener Teil der Restlaufzeit, der keine ganze Kuponperiode umfaßt.

BEISPIEL 9: Aufspaltung der Restlaufzeit in Kuponperioden

Die Restlaufzeit der Anleihe „XYZ" (14,8 Kuponperioden = 14,8 Quartale, vgl. Beispiel 2) läßt sich wie folgt aufspalten:

ganzzahlige Restlaufzeit in Kuponperioden = 14
gebrochene Restlaufzeit in Kuponperioden = 0,8
Restlaufzeit in Kuponperioden = 14,8

Darüber hinaus sind für die weitere Analyse folgende **Zeitpunkte** und **Zeiträume** während der Restlaufzeit einer Anleihe von Bedeutung:

1) Bewertungsstichtag:

Der **Bewertungsstichtag** ist jener Tag, an dem die Rendite der Anleihe berechnet werden soll (Zeitpunkt der Renditeberechnung).

2) Laufzeitjahr:

Unter einem **Laufzeitjahr** versteht man einen Zeitraum, der eine ganze Anzahl von Jahren nach dem Bewertungsstichtag beginnt und ein Jahr später endet.

3) Laufzeitjahresende:

Ein **Laufzeitjahresende** ist das Ende eines Laufzeitjahres. Tag und Monat eines Laufzeitjahresendes sind daher identisch mit Tag und Monat des Bewertungsstichtages.

Der Unterschied zwischen den beiden Begriffen „Bewertungsstichtag" und „Laufzeitjahresende" besteht darin, daß es **nur einen Bewertungsstichtag** gibt (am Beginn der gesamten Restlaufzeit), während **jedes Jahr ein Laufzeitjahresende** existiert.

4) Letzter Kupontermin:

Der **letzte Kupontermin** ist jener Tag, an dem die letzte Kuponzahlung (und natürlich auch die letzte Tilgungszahlung) erfolgt. Dieser Zeitpunkt entspricht dem Ende der Restlaufzeit der Anleihe.

5) Hauptfälligkeitstermin:

Ein **Hauptfälligkeitstermin** ist ein Kupontermin, der eine ganze Anzahl von Jahren vor dem letzten Kupontermin liegt. Tag und Monat eines Hauptfälligkeitstermines sind daher identisch mit Tag und Monat des letzten Kupontermines.

Der Unterschied zwischen den Begriffen „letzter Kupontermin“ und „Hauptfälligkeitstermin“ besteht also darin, daß es **nur einen letzten Kupontermin** gibt (am Ende der Restlaufzeit), während **jedes Jahr ein Hauptfälligkeitstermin** existiert.

6) Nebenfälligkeitstermin:

Unter einem **Nebenfälligkeitstermin** versteht man einen Kupontermin, der kein Hauptfälligkeitstermin ist.

BEISPIEL 10: Zeitpunkte und Zeiträume

Die Restlaufzeit der Anleihe „XYZ“ aus Sicht des 1. 3. 1997 ist der Zeitraum vom 1. 3. 1997 bis zum 13. 11. 2000. Daraus resultieren die folgenden Daten:

1) Bewertungsstichtag: **1. 3.** 1997

2) Laufzeitjahre:

1. Laufzeitjahr:	vom 1. 3. 1997	bis 1. 3. 1998
2. Laufzeitjahr:	vom 1. 3. 1998	bis 1. 3. 1999
3. Laufzeitjahr:	vom 1. 3. 1999	bis 1. 3. 2000
4. Laufzeitjahr:	ab 1. 3. 2000	(kein komplettes Jahr)

3) Laufzeitjahresenden: 1. 3. 1998
1. 3. 1999
1. 3. 2000

4) Letzter Kupontermin:	**13. 11.** 2000
5) Hauptfälligkeitstermine:	13. 11. 1997 13. 11. 1998 13. 11. 1999 13. 11. 2000
6) Nebenfälligkeitstermine:	13. 5. 1997 13. 8. 1997 13. 2. 1998 13. 5. 1998 13. 8. 1998 13. 2. 1999 13. 5. 1999 13. 8. 1999 13. 2. 2000 13. 5. 2000 13. 8. 2000

3.1.1.2 Variablendefinitionen

3.1.1.2.1 Laufzeitvariablen

Für die späteren Erläuterungen ist die Einführung einiger Laufzeitvariablen sinnvoll. Es handelt sich um die Variablen Jahre, $Jahre_{ab}$, $gebrLZ_J$, z, tg sowie RLZ_{auf}.

1) Jahre:

Die Variable **Jahre** stellt die zuvor beschriebene Restlaufzeit in **Jahren** dar.

2) $Jahre_{ab}$:

Die Variable $\mathbf{Jahre}_{ab}$ steht für die ganzzahlige Restlaufzeit in Jahren (Restlaufzeit in **Jahren**, **ab**gerundet).

3) $gebrLZ_J$:

Die Variable $\mathbf{gebrLZ}_J$ ist die **gebr**ochene Rest**l**auf**z**eit in **J**ahren.

4) z:

Die Variable **z** ist die aufgerundete Anzahl der Kuponperioden innerhalb der gebrochenen Restlaufzeit in Jahren. Sie kann alle ganzzahligen Werte von 0 bis m annehmen.

Der Wert von z ist 0, wenn die Bewertung genau zu einem Hauptfälligkeitstermin erfolgt (weil dann keine gebrochene Restlaufzeit in Jahren existiert) und m, wenn die Bewertung zwischen einem Hauptfälligkeitstermin und dem nachfolgenden Kupontermin durchgeführt wird.

Der Wert von z läßt sich auf zwei Arten bestimmen:

a) Eine Möglichkeit besteht darin, die Kuponperioden innerhalb der gebrochenen Restlaufzeit in Jahren abzuzählen (wobei auch Bruchteile von Kuponperioden als ganze Kuponperiode mitgerechnet werden). Dabei ist irrelevant, ob die gebrochene Restlaufzeit in Jahren an den Beginn oder an das Ende der gesamten Restlaufzeit gelegt wird.

b) Der Wert der Variable z läßt sich auch ausrechnen, indem man die gebrochene Restlaufzeit in Jahren in Kuponperioden umrechnet (d. h. mit der Kuponhäufigkeit m multipliziert) und das Ergebnis auf die nächsthöhere ganze Zahl aufrundet.

5) tg:

Die Variable **tg** ist bereits aus Abschnitt 2 bekannt. Ihr Wert läßt sich ebenfalls auf zwei Arten ermitteln:

a) Eine Möglichkeit besteht darin, (wie bereits in Abschnitt 2) die Tage vom Bewertungsstichtag bis zum nächsten Kupontermin abzuzählen.

b) Eine zweite Möglichkeit wäre die Berechnung anhand der bereits definierten Laufzeitvariablen mit Hilfe der folgenden Formel:

$$tg = (1 - z + gebrLZ_J \cdot m) \cdot \frac{360}{m}$$

6) RLZ_{auf}:

Die letzte Laufzeitvariable ist die aufgerundete Restlaufzeit in Kuponperioden, RLZ_{auf}. Der Wert von RLZ_{auf} kann in zweifacher Weise ermittelt werden:

a) Eine Variante besteht darin, die Restlaufzeit in Kuponperioden aufzurunden.

b) Eine zweite Variante ergibt sich aus den folgenden Überlegungen: Während der ganzzahligen Restlaufzeit in Jahren ($Jahre_{ab}$) gibt es jeweils m Kuponperioden. Das sind zusammen $Jahre_{ab} \bullet m$ Kuponperioden. Dazu kommen die (auf Ganze aufgerundeten) z Kuponperioden innerhalb der gebrochenen Restlaufzeit in Jahren. Der Wert von RLZ_{auf} läßt sich daher mittels folgender Formel berechnen:

$$RLZ_{auf} = Jahre_{ab} \cdot m + z$$

Die Variable RLZ_{auf} ist besonders wichtig, da sie nicht nur die aufgerundete Restlaufzeit in Kuponperioden darstellt, sondern gleichzeitig ausdrückt, wieviele Kupontermine während der gesamten Restlaufzeit noch anfallen.

BEISPIEL 11: Laufzeitvariablen

Für die Anleihe „XYZ“ sind aus Sicht des Bewertungsstichtages 1. 3. 1997 die Laufzeitvariablen Jahre, $Jahre_{ab}$, $gebrLZ_J$, z, tg und RLZ_{auf} zu berechnen.

Lösung:

Die Restlaufzeit der Anleihe „XYZ“ ab dem Bewertungsstichtag beträgt 3,7 Jahre (Zeitraum vom 1. 3. 1997 bis zum 13. 11. 2000).

1) Die Variable **Jahre** nimmt daher den Wert 3,7 an.

2) $\mathbf{Jahre}_{ab}$ ist 3.

3) Die Variable $\mathbf{gebrLZ}_J$ bekommt den Wert 0,7.

4) Der Wert von **z** läßt sich auf zwei Arten ermitteln:

a) Wenn man die Kuponperioden innerhalb der gebrochenen Restlaufzeit in Jahren zählt und aufrundet, erhält man genau drei Kuponperioden - unabhängig davon, ob man die gebrochene Restlaufzeit in Jahren an den Beginn oder an das Ende der gesamten Restlaufzeit der Anleihe legt:

Plaziert man die gebrochene Restlaufzeit in Jahren an den Beginn der gesamten Restlaufzeit, so ist die gebrochene Restlaufzeit der Zeitraum vom 1. 3. 1997 bis zum 13. 11. 1997. Die drei Kuponperioden sind daher jene

- vom **13. 2. 1997** bis zum 13. 5. 1997 (**aufgerundet**),
- vom 13. 5. 1997 bis zum 13. 8. 1997 und
- vom 13. 8. 1997 bis zum 13. 11. 1997.

Legt man hingegen die gebrochene Restlaufzeit in Jahren an das Ende der gesamten Restlaufzeit, so ist die gebrochene Restlaufzeit der Zeitraum vom 1. 3. 2000 bis zum 13. 11. 2000. Die drei Kuponperioden sind daher jene

- vom **13. 2. 2000** bis zum 13. 5. 2000 (**aufgerundet**),
- vom 13. 5. 2000 bis zum 13. 8. 2000 und
- vom 13. 8. 2000 bis zum 13. 11. 2000.

b) Das gleiche Resultat bekommt man, wenn man die gebrochene Restlaufzeit in Jahren in Kuponperioden umrechnet und das Ergebnis auf die nächsthöhere ganze Zahl aufrundet:

$0{,}7 \bullet 4 = 2{,}8$ => aufgerundet: 3

5) Der Wert der Variable **tg** läßt sich ebenfalls auf zwei Arten ermitteln:

a) Eine Methode besteht darin, die Tage vom 1. 3. 1997 bis zum 13. 5. 1997 abzuzählen. So wurde bereits in Abschnitt 2 vorgegangen. Das Ergebnis war 72 Tage.

b) Die zweite Variante wäre, in die oben angeführte Formel einzusetzen:

$$tg = (1 - z + gebrLZ_J \cdot m) \cdot \frac{360}{m} = (1 - 3 + 0{,}7 \cdot 4) \cdot \frac{360}{4} = 72$$

6) Den Wert für $\mathbf{RLZ_{auf}}$ erhält man auf folgende zwei Arten:

a) Die gesamte Restlaufzeit in Kuponperioden beträgt gemäß Beispiel 2 genau 14,8. Die aufgerundete Restlaufzeit in Kuponperioden ist daher 15.

b) Zum gleichen Ergebnis kommt man durch Einsetzen in die Formel:

$$RLZ_{auf} = Jahre_{ab} \cdot m + z = 3 \cdot 4 + 3 = 15$$

Dies bedeutet, daß innerhalb der gesamten Restlaufzeit der Anleihe „XYZ“ noch 15 Kupontermine anfallen. Dies kann leicht nachvollzogen werden: Es handelt sich um den 13. 5. 1997, den 13. 8. 1997, den 13. 11. 1997, den 13. 2. 1998, den 13. 5. 1998, den 13. 8. 1998, den 13. 11. 1998, den 13. 2. 1999, den 13. 5. 1999, den 13. 8. 1999, den 13. 11. 1999, den 13. 2. 2000, den 13. 5. 2000, den 13. 8. 2000 und den 13. 11. 2000.

3.1.1.2.2 Tilgungsvariablen

Um (insbesondere im Fall von Serienanleihen) in der Lage zu sein, unterschiedliche Tilgungsmodalitäten einfließen zu lassen, werden nun die **Tilgungsvariablen** T_t und TK_t eingeführt.

$\mathbf{T_t}$ ist der prozentuelle Anteil der Tilgung, die der Investor zum Kupontermin t der Restlaufzeit erhält (gemessen an der Summe der Tilgungen, die er während der gesamten Restlaufzeit erhält). Jeder einzelne dieser Tilgungsanteile kann einen Wert von 0 bis 100 annehmen. Alle Tilgungsanteile zusammen ergeben natürlich genau 100. $\mathbf{TK_t}$ ist der Kurs, zu dem die Tilgung zum Kupontermin t erfolgt.

Die Numerierung der Kupontermine erfolgt stets so, daß der erste Kupontermin während der Restlaufzeit die Nummer 1 und der letzte Kupontermin die Nummer RLZ_{auf} bekommt.

BEISPIEL 12: Tilgungsvariablen

Aus den Informationen zur Anleihe „XYZ" zu Beginn dieses Handbuches ist folgende Tilgungsstruktur ersichtlich: Die Anleihe wurde in zehn gleichen Serien emittiert. Diese Serien werden durch Verlosung ab dem 13. 8. 1998 zum Nominale getilgt. Mit anderen Worten: Die ersten fünf Kupontermine innerhalb der Restlaufzeit (vom 13. 5. 1997 bis einschließlich 13. 5. 1998) sind tilgungsfrei. Zu den übrigen zehn Kuponterminen (vom 13. 8. 1998 bis zum 13. 11. 2000) werden jeweils 10 % getilgt.

Welche Werte nehmen die Tilgungsvariablen an?

Lösung:

Da ein Investor annahmegemäß die risikominimale Strategie verfolgt, von jeder Serie gleich viele Stücke zu erwerben, ist die Struktur der Tilgungen für den Investor bereits im vorhinein klar (obwohl ungewiß ist, welche Serie wann verlost wird).

Die folgende Tabelle enthält die sich aus dem Anleihenvertrag ergebenden Werte für die Tilgungsvariablen. Die erste Zeile dieser Tabelle stellt das Datum und die zweite Zeile die Nummer des Kupontermines dar. Die dritte Zeile zeigt den dazugehörigen Tilgungsanteil und die vierte Zeile den entsprechenden Tilgungskurs.

	13.5. 1997	13.8. 1997	13.11. 1997	13.2. 1998	13.5. 1998	13.8. 1998	13.11. 1998	13.2. 1999	13.5. 1999	13.8. 1999	13.11. 1999	13.2. 2000	13.5. 2000	13.8. 2000	13.11. 2000
t	1	2	3	4	5	6	7	8	9	10	11	12	13	14	15
T_t	0	0	0	0	0	10	10	10	10	10	10	10	10	10	10
TK_t	100	100	100	100	100	100	100	100	100	100	100	100	100	100	100

3.1.1.2.3 Renditevariablen

Zwei weitere in Folge wesentliche Variablen sind die Renditevariablen. Dabei wird zwischen der Jahresrendite und der Periodenrendite der Anleihe unterschieden. Die **Jahresrendite** (Rendite, bezogen auf ein Jahr) wird mit $\mathbf{i}_{e\,(p.a.)}$ bezeichnet. Die **Periodenrendite** (Rendite, bezogen auf eine Kuponperiode der Anleihe) wird durch die Variable $\mathbf{i}_{e,m}$ dargestellt.

Bei Anleihen mit jährlicher Verzinsung sind Periodenrendite und Jahresrendite natürlich gleich. Bei Anleihen mit unterjähriger Verzinsung ist die Periodenrendite hingegen stets kleiner als die Jahresrendite.

3.1.2 Berechnung der Rückflüsse

Der nächste Schritt in Richtung „Renditeermittlung“ ist die Berechnung der Rückflüsse zu den einzelnen Kuponterminen. Zu diesem Zweck wird nun eine Formel für den Rückfluß zu einem beliebigen **Kupontermin t** hergeleitet, wobei folgende formale Einschränkung gilt:

$$1 \leq t \leq RLZ_{auf}$$

In Worte gefaßt, bedeutet diese Einschränkung: Der Kupontermin t muß nach dem Bewertungsstichtag und vor dem (oder am) Restlaufzeitende liegen. Der Rückfluß zu diesem Kupontermin[9)] ergibt sich nach folgenden Rechenschritten:

1) Zunächst ist die Basis für die Kuponzahlung zum Kupontermin t zu ermitteln: Da diese Kuponzahlung durch alle vorhergehenden Tilgungen (bis inklusive jener zum Kupontermin t-1), nicht aber durch die Tilgung zum Kupontermin t verringert wird, ist das vor dem Kupontermin t bereits **getilgte Nominale** zu errechnen. Dazu muß man die Summe aller Tilgungsanteile vor dem Kupontermin t bilden. Die Summenuntergrenze ist 1, die Obergrenze beträgt t-1. Das bereits getilgte Nominale ist somit:

$$\sum_{x=1}^{t-1} T_x$$

2) Die Basis für die Kuponzahlung zum Kupontermin t ist das zu Kupontermin t **ausstehende Nominale** (vor der Tilgung zum Kupontermin t). Dieses errechnet man, indem man von 100 (Prozent) das bereits getilgte Nominale abzieht:

$$100 - \sum_{x=1}^{t-1} T_x$$

3) Um die **jährliche Zinszahlung zum Kupontermin t** zu berechnen, multipliziert man das ausstehende Nominale mit dem Nominalzinssatz p/100.

$$\left(100 - \sum_{x=1}^{t-1} T_x\right) \cdot \frac{p}{100} = \frac{\left(100 - \sum_{x=1}^{t-1} T_x\right)}{100} \cdot p = \left(1 - \sum_{x=1}^{t-1} \frac{T_x}{100}\right) \cdot p$$

4) Da bei der **Kuponzahlung zum Kupontermin t** allerdings nicht die Zinsen für ein ganzes Jahr, sondern nur die Zinsen für eine Kuponperiode bezahlt werden, ist noch durch die Anzahl der Kupontermine pro Jahr zu dividieren:

---

[9] Um ganz exakt zu sein, ist folgendes hinzuzufügen: Da der Barwert der Rückflüsse später mit dem Kurs pro Anleihenstück verglichen wird, wird nun der **durchschnittliche** Rückfluß zu Kupontermin t pro Anleihenstück (bei Verfolgen der risikominimalen Strategie bei Serienanleihen) berechnet.

$$\left(1-\sum_{x=1}^{t-1}\frac{T_x}{100}\right)\cdot\frac{p}{m}$$

5) Selbstverständlich ist auch zu berücksichtigen, daß der Anleihengläubiger zum Kupontermin t einen Tilgungsanteil T_t erhält. Da die Tilgung nicht notwendigerweise zum Kurs von 100 erfolgt, muß dieser Tilgungsanteil T_t noch mit dem relevanten Tilgungskurs TK_t multipliziert werden. Weil sich TK_t jedoch auf ein Nominale von 100 bezieht, ist durch 100 zu dividieren. Somit beträgt die zum Kupontermin t erhaltene **Tilgungszahlung**:

$$T_t\cdot\frac{TK_t}{100}$$

6) Kuponzahlung und Tilgungszahlung ergeben zusammen den **Rückfluß** aus der Anleihe zum Kupontermin t:

$$\left(1-\sum_{x=1}^{t-1}\frac{T_x}{100}\right)\cdot\frac{p}{m}+T_t\cdot\frac{TK_t}{100}$$

Diese Formel kann zur Berechnung sämtlicher Rückflüsse aus der Anleihe herangezogen werden, wie Beispiel 13 veranschaulicht:

BEISPIEL 13: Rückflüsse

Es sind die Rückflüsse aus der Anleihe „XYZ“ zu sämtlichen Kuponterminen zu berechnen.

Lösung:

Unter Heranziehung der Formel für die Rückflüsse und der in Beispiel 12 ermittelten Werte für die Tilgungsvariablen lassen sich die Rückflüsse am einfachsten in Form einer Tabelle berechnen. Die nachstehende Tabelle zeigt für jeden einzelnen Kupontermin in der ersten Zeile das Datum, in der zweiten Zeile das bisher getilgte Nominale, in der dritten Zeile das noch ausstehende Nominale, in der vierten Zeile die Zinszahlung für ein Jahr, in der fünften Zeile die Kuponzahlung für eine Kuponperiode, in der sechsten Zeile die Tilgungszahlung und abschließend in der siebenten Zeile den gesamten Rückfluß.

	13.5. 1997	13.8. 1997	13.11. 1997	13.2. 1998	13.5. 1998	13.8. 1998	3.11. 1998	13.2. 1999	13.5. 1999	13.8. 1999	13.11. 1999	13.2. 2000	13.5. 2000	13.8. 2000	13.11. 2000
N_{get}	0	0	0	0	0	0	10	20	30	40	50	60	70	80	90
N_{aus}	100	100	100	100	100	100	90	80	70	60	50	40	30	20	10
Z	8	8	8	8	8	8	7,2	6,4	5,6	4,8	4,0	3,2	2,4	1,6	0,8
K	2	2	2	2	2	2	1,8	1,6	1,4	1,2	1,0	0,8	0,6	0,4	0,2
T	0	0	0	0	0	10	10	10	10	10	10	10	10	10	10
R	2	2	2	2	2	12	11,8	11,6	11,4	11,2	11,0	10,8	10,6	10,4	10,2

Diese Rückflüsse sind die Basis für die Berechnung der Rendite von Anleihe „XYZ".

3.1.3 Die allgemeine Renditegleichung

Kennt man die Rückflüsse zu den einzelnen Kuponterminen, so kann man eine allgemeine Renditegleichung aufstellen. In dieser Renditegleichung wird - wie zu Beginn von Abschnitt 3 beschrieben - der Bruttokurs mit dem Barwert sämtlicher Rückflüsse gleichsetzt. Dieser Vorgang soll in Beispiel 14 anhand der Anleihe „XYZ" demonstriert werden:

BEISPIEL 14: Aufstellen einer allgemeinen Renditegleichung

Es ist für die Anleihe „XYZ" die allgemeine Renditegleichung aufzustellen.

Lösung:

Die allgemeine Renditegleichung lautet „Bruttokurs = Summe der Barwerte der Rückflüsse". Verwendet man für den Barwert der im Zeitpunkt TT.MM.JJJJ anfallenden Zahlung G das Symbol BW(G; TT.MM.JJJJ), so ergibt das für die Anleihe „XYZ" folgende Gleichung:

99,4 = BW(2; 13.05.1997) + BW(2; 13.08.1997) + BW(2; 13.11.1997) +
+ BW(2; 13.02.1998) + BW(2; 13.05.1998) + BW(12; 13.08.1998) +
+ BW(11,8; 13.11.1998) + BW(11,6; 13.02.1999) + BW(11,4; 13.05.1999) +
+ BW(11,2; 13.08.1999) + BW(11,0; 13.11.1999) + BW(10,8; 13.02.2000) +
+ BW(10,6; 13.05.2000) + BW(10,4; 13.08.2000) + BW(10,2; 13.11.2000)

Diese Gleichung dient allerdings nur dem Verständnis der nachfolgenden Inhalte. Sie kann noch nicht zur Renditeberechnung herangezogen werden, da über die konkrete Barwertberechnung (linear, exponentiell oder gemischt) keine Aussage getroffen wurde. Wie diese Barwertberechnung der Rückflüsse erfolgt, wird das nächste Kapitel klären.

3.2 RENDITEMETHODEN

Spätestens an dieser Stelle ist festzuhalten, daß es eine einheitliche Rendite (auf Basis des Internen Zinsfußes) nicht gibt, sondern daß verschiedene Renditemethoden verwendet werden. Die fünf verbreitetsten Methoden werden in diesem Kapitel vorgestellt. Es handelt sich um

- die ISMA-Methode,
- die Moosmüller-Methode,
- die Amerikanische Methode,
- die Braeß/Fangmeyer-Methode und
- die Methode nach der deutschen Preisangabenverordnung.

Gemeinsam ist diesen Methoden folgende Barwertberechnung:

Jeder Rückfluß aus der Anleihe wird - sofern er nicht zu einem Zinszuschlagstermin des Vergleichskontos anfällt - linear bis zum nächsten Zinszuschlagstermin aufgezinst.

Danach wird der Rückfluß von diesem Zinszuschlagstermin bis zum vorhergehenden Zinszuschlagstermin (linear) abgezinst. Diese Abzinsung wird so oft vorgenommen, bis man am ersten Zinszuschlagstermin der gesamten Restlaufzeit angelangt ist (stufenweise lineare Abzinsung). Wenn die Verzinsungsdauer für einen Abzinsungsvorgang genau eine Zinsperiode umfaßt, kommt diese stufenweise lineare Abzinsung einer exponentiellen Abzinsung gleich. In den anderen Fällen gibt es zwischen linearer und exponentieller Abzinsung einen Unterschied (vgl. Abschnitt 1).

Anschließend wird der Rückfluß weiter linear vom ersten Zinszuschlagstermin bis zum Bewertungsstichtag abgezinst. (Falls die Verzinsungsdauer genau eine Zinsperiode beträgt, ist diese lineare Abzinsung wieder identisch mit einer exponentiellen Abzinsung.)

Die grundsätzliche Vorgangsweise ist somit für alle fünf Methoden gleich. Die fünf Renditemethoden **unterscheiden** sich jedoch in der Dimension des verwendeten Zinssatzes (Jahreszinssatz oder Zinssatz pro Kuponperiode) und in den Annahmen über das Vergleichskonto (Häufigkeit und Plazierung der Zinszuschlagstermine). Daher erfolgt auch die Abzinsung der Rückflüsse aus der Anleihe bei den einzelnen Methoden auf verschiedene Weise.

Zum Abschluß dieser Einleitung noch einige Worte zum **Aufbau von Kapitel 3.2**: Zunächst werden die fünf Methoden einzeln vorgestellt. Es wird jeweils das Prinzip der Methode erklärt und die gemäß dieser Methode anzuwendende Renditegleichung hergeleitet. Dabei werden flexible Gleichungen für eine Anleihe mit beliebiger Kuponhäufigkeit und Tilgungsstruktur, die zu einem beliebigen Zeitpunkt bewertet wird, erstellt. Diese Vorgangsweise bringt den Vorteil mit sich, daß die entwickelten Renditegleichungen in einer Vielzahl von Situationen verwendet werden können. Diese Renditegleichungen werden jeweils durch Beispiele anhand der Anleihe „XYZ“ veranschaulicht.

Nach der Herleitung der Renditegleichung wird eine zweite Variante der Renditeermittlung gemäß dieser Methode (Berechnung mittels Vergleichskonto) demonstriert. Den Schlußteil der Präsentation der einzelnen Methoden bildet jeweils die kritische Würdigung.

Nach der Vorstellung der Methoden im einzelnen werden diese detailliert und übersichtlich miteinander verglichen. Der Vergleich bezieht sich einerseits auf die Merkmale und andererseits auf die Renditeergebnisse.

3.2.1 Die ISMA-Methode

Die Methode, mit der fast auf der ganzen Welt Renditen berechnet werden, ist jene nach der „International Securities Market Association“ (bis 1992: „Association of International Bond Dealers“). Die ISMA-Methode (früher: AIBD-Methode) findet sich in Regel 803 dieser Vereinigung in Form der sogenannten „Standard Maturity Yield Definition“.

In Österreich und auf den Euromärkten wird praktisch ausschließlich diese Renditemethode angewandt. In Deutschland findet sie insbesondere in der Börsen-Daten-Zentrale, den Monatsberichten und statistischen Beiheften der Deutschen Bundesbank, in der Börsezeitung und im Kursblatt der Frankfurter Börse Verwendung. Die ISMA-Methode liegt inzwischen auch den meisten Renditetabellen zugrunde.

3.2.1.1 Das Prinzip

Die ISMA-Methode rechnet mit einem **Zinssatz pro Kuponperiode**.[10)] Das **Vergleichskonto** ist ein **Konto mit täglichem Zinszuschlag**.

Dies hat für die **Barwertermittlung** folgende Bedeutung: Die einzelnen Rückflüsse aus der Anleihe müssen nicht zu einem späteren Zeitpunkt aufgezinst werden, da sie bereits zu einem Zinszuschlagstermin anfallen. Sie können sofort tageweise bis zum ersten Tag der Restlaufzeit (= erster Zinszuschlagstermin) und anschließend bis zum Bewertungsstichtag abgezinst werden. Da jeweils über einen Tag abgezinst wird (Verzinsungsdauer ist eine Zinsperiode des Vergleichskontos), entspricht diese tageweise Abzinsung einer exponentiellen Abzinsung.

[10] Aufgrund der Eigenheiten dieser Methode und der Aggregations- und Disaggregationseigenschaft der exponentiellen Verzinsung läßt sich diese Methode mit einem Jahreszinssatz, mit einem Periodenzinssatz oder mit einem Tageszinssatz erklären. Zum besseren Vergleich mit der nachfolgenden Methode wurde in diesem Buch die Darstellung mittels Periodenzinssatz gewählt.

Wie in Abschnitt 1 beschrieben, ist das Ergebnis bei der exponentiellen Verzinsung unabhängig von der Zusammenlegung einzelner Teilperioden zu einer Gesamtperiode. Aus diesem Grund kann man bei der Ermittlung des Barwertes (anstelle einer tageweisen exponentiellen Abzinsung) genauso gut jeden Rückfluß stufenweise exponentiell von einem Kupontermin zum jeweils vorigen Kupontermin und schließlich vom ersten Kupontermin bis zum Bewertungsstichtag abzinsen.

Dies läßt sich für die Anleihe „XYZ“ wie folgt darstellen:

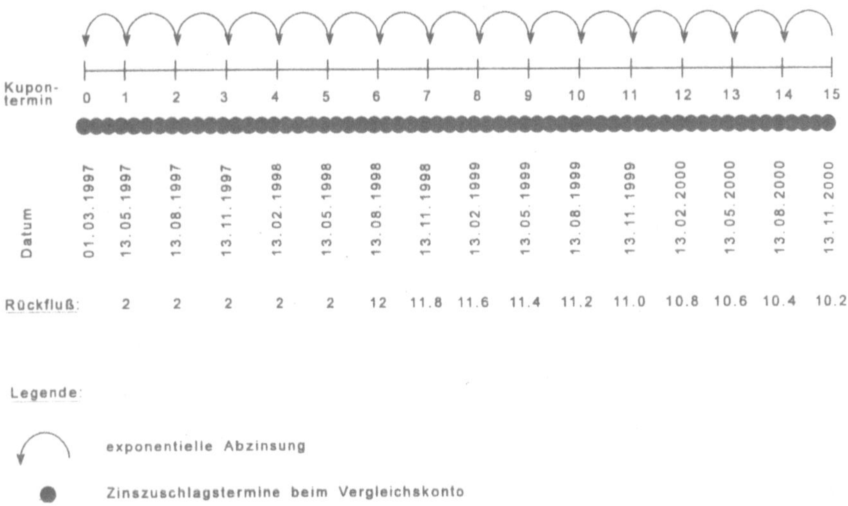

Abbildung 9: Abzinsung der Rückflüsse nach der ISMA-Methode

3.2.1.2 Die Renditegleichung

Bei der Entwicklung der Renditegleichung geht man von einem beliebigen **Kupontermin t** mit der folgenden formalen Einschränkung aus:

$$1 \leq t \leq RLZ_{auf}$$

1) Der **Rückfluß** aus der Anleihe zum Kupontermin t wurde bereits in Kapitel 3.1.2 berechnet:

$$\left(1-\sum_{x=1}^{t-1}\frac{T_x}{100}\right)\cdot\frac{p}{m}+T_t\cdot\frac{TK_t}{100}$$

2) Dieser Rückfluß muß nun **vom Kupontermin t bis zum ersten Kupontermin exponentiell abgezinst** werden. Dies entspricht einer Abzinsung um (t-1) Kuponperioden. Als Zinssatz in der Renditegleichung ist die (zu bestimmende) Periodenrendite $i_{e,m}$ zu verwenden:

$$\frac{\left(1-\sum_{x=1}^{t-1}\frac{T_x}{100}\right)\cdot\frac{p}{m}+T_t\cdot\frac{TK_t}{100}}{\left(1+i_{e,m}\right)^{t-1}}$$

Dies ist der Wert des zum Kupontermin t anfallenden Rückflusses, bezogen auf den ersten Kupontermin.

3) Nun muß dieser abgezinste Rückfluß weiter **exponentiell** vom ersten Kupontermin **bis zum Bewertungsstichtag abgezinst** werden. Der Zeitraum vom Bewertungsstichtag bis zum ersten Kupontermin entspricht (ausgedrückt in Tagen) der Variable tg bzw. (ausgedrückt in Kuponperioden) tg•m/360 (vgl. Abschnitt 2).

Wird die Anleihe genau zu einem Kupontermin bewertet, so ist dieser Zeitraum exakt eine Kuponperiode. Falls die Bewertung hingegen zwischen zwei Kuponterminen erfolgt, handelt es sich um die gebrochene Restlaufzeit in Kuponperioden.

Der Wert des Rückflusses zum Kupontermin t, bezogen auf den Bewertungsstichtag ist daher:

$$\frac{\left(1-\sum_{x=1}^{t-1}\frac{T_x}{100}\right)\cdot\frac{p}{m}+T_t\cdot\frac{TK_t}{100}}{\left(1+i_{e,m}\right)^{t-1}\cdot\left(1+i_{e,m}\right)^{\frac{tg\cdot m}{360}}}$$

BEISPIEL 15: Abzinsung eines Rückflusses nach der ISMA-Methode

Das folgende Beispiel konzentriert sich auf den Rückfluß aus der Anleihe „XYZ" am 13. 2. 2000. Es wird analysiert, wie dieser Rückfluß vom 13. 2. 2000 (mit der noch zu berechnenden Quartalsrendite) nach der ISMA-Methode bis zum Bewertungsstichtag 1. 3. 1997 abgezinst wird.

Lösung:

Ein Blick auf die Tabelle in Beispiel 13 erleichtert die Lösung dieses Beispiels. Der Rückfluß am 13. 2. 2000 beträgt 10,8 Geldeinheiten. Dieser Rückfluß muß nun zum 13. 5. 1997 (erster Kupontermin) abgezinst werden. Da der 13. 2. 2000 der zwölfte Kupontermin und der 13. 5. 1997 der erste Kupontermin ist, beträgt die Abzinsungsdauer elf Kuponperioden (Quartale):

$$\frac{10{,}8}{\left(1+i_{e,4}\right)^{11}}$$

Nun muß man diesen Rückfluß weiter vom 13. 5. 1997 bis zum 1. 3. 1997 abzinsen. Die Abzinsungsdauer beträgt 72 Tage. Das sind ungerechnet (72•4/360 = 72/90 =) 0,8 Kuponperioden (Quartale).

Der Barwert des Rückflusses vom 13. 5. 1997 (bezogen auf den 1. 3. 1997) ist daher:

$$\frac{10{,}8}{\left(1+i_{e,4}\right)^{11}\cdot\left(1+i_{e,4}\right)^{0{,}8}}=\frac{10{,}8}{\left(1+i_{e,4}\right)^{11{,}8}}$$

Das gleiche Ergebnis erhält man, wenn man die entsprechenden Werte für die Nominalverzinsung, die Kuponhäufigkeit und die Tilgungsvariablen sowie die Zahl 12 für die Variable t (da es sich um den zwölften Kupontermin handelt) in die Formel aus Schritt 3 der Herleitung der Renditegleichung einsetzt.

4) Die Schritte 1 bis 3 sind **für sämtliche Kupontermine** vorzunehmen und die abgezinsten Rückflüsse zu addieren. Die Untergrenze der Summe ist 1, da mit dem ersten Kupontermin beginnend addiert wird. Die Obergrenze ist die Variable RLZ_{auf}, da der letzte Kupontermin (= Kupontermin mit der Nummer RLZ_{auf}) auch der letzte Summand ist:

$$\sum_{t=1}^{RLZ_{auf}} \frac{\left(1-\sum_{x=1}^{t-1}\frac{T_x}{100}\right)\cdot\frac{p}{m}+T_t\cdot\frac{TK_t}{100}}{\left(1+i_{e,m}\right)^{t-1}\cdot\left(1+i_{e,m}\right)^{\frac{tg\cdot m}{360}}}$$

Dieser Ausdruck ist der Barwert aller Rückflüsse aus der Anleihe.

5) Den Barwert der Rückflüsse muß man nun mit dem zu zahlenden Betrag, also mit dem Bruttokurs $P_{0,B}$, gleichsetzen, um die **Renditegleichung** zu erhalten:

$$P_{o,B} = \sum_{t=1}^{RLZ_{auf}} \frac{\left(1-\sum_{x=1}^{t-1}\frac{T_x}{100}\right)\cdot\frac{p}{m}+T_t\cdot\frac{TK_t}{100}}{\left(1+i_{e,m}\right)^{t-1}\cdot\left(1+i_{e,m}\right)^{\frac{tg\cdot m}{360}}}$$

6) Die Renditegleichung ist nun durch **Iteration** zu lösen. So bekommt man die Periodenrendite $i_{e,m}$.

7) Diese Periodenrendite muß nun - wie in Abschnitt 1 beschrieben - exponentiell in eine Jahresrendite $i_{e(p.a.)}$ **umgerechnet** werden.

$$i_{e(p.a.)} = \left(1+i_{e,m}\right)^m - 1$$

BEISPIEL 16: Renditeberechnung nach der ISMA-Methode

Es ist mittels linearer Interpolation die Rendite der Anleihe „XYZ“ am 1. 3. 1997 nach der ISMA-Methode zu berechnen. Als unterer Startzinssatz soll 1,94265 % pro Quartal (entspricht bei exponentieller Umrechnung 8 % p. a.) und als oberer Startzinssatz 2,17782 % pro Quartal (entspricht 9 % p. a.) verwendet werden.

Lösung:

Die Renditegleichung für die Anleihe „XYZ" läßt sich (unter Zuhilfenahme von Beispiel 13, Abbildung 9 und der hergeleiteten Renditegleichung) erstellen:

$$99{,}4 = \frac{2}{(1+i_{e,4})^{0,8}} + \frac{2}{(1+i_{e,4})^{1,8}} + \frac{2}{(1+i_{e,4})^{2,8}} + \frac{2}{(1+i_{e,4})^{3,8}} + \frac{2}{(1+i_{e,4})^{4,8}} +$$

$$+ \frac{12}{(1+i_{e,4})^{5,8}} + \frac{11{,}8}{(1+i_{e,4})^{6,8}} + \frac{11{,}6}{(1+i_{e,4})^{7,8}} + \frac{11{,}4}{(1+i_{e,4})^{8,8}} + \frac{11{,}2}{(1+i_{e,4})^{9,8}} +$$

$$+ \frac{11{,}0}{(1+i_{e,4})^{10,8}} + \frac{10{,}8}{(1+i_{e,4})^{11,8}} + \frac{10{,}6}{(1+i_{e,4})^{12,8}} + \frac{10{,}4}{(1+i_{e,4})^{13,8}} + \frac{10{,}2}{(1+i_{e,4})^{14,8}}$$

Um diese Gleichung lösen zu können, zieht man von beiden Seiten den Bruttokurs in Höhe von 99,4 ab. Man gelangt so von einer Gleichung der Form „Bruttokurs = Wert" zu einer Gleichung, bei der auf der einen Seite die Nettowertfunktion und auf der anderen Seite 0 steht:

$$\frac{2}{(1+i_{e,4})^{0,8}} + \frac{2}{(1+i_{e,4})^{1,8}} + \frac{2}{(1+i_{e,4})^{2,8}} + \frac{2}{(1+i_{e,4})^{3,8}} + \frac{2}{(1+i_{e,4})^{4,8}} +$$

$$+ \frac{12}{(1+i_{e,4})^{5,8}} + \frac{11{,}8}{(1+i_{e,4})^{6,8}} + \frac{11{,}6}{(1+i_{e,4})^{7,8}} + \frac{11{,}4}{(1+i_{e,4})^{8,8}} + \frac{11{,}2}{(1+i_{e,4})^{9,8}} +$$

$$+ \frac{11{,}0}{(1+i_{e,4})^{10,8}} + \frac{10{,}8}{(1+i_{e,4})^{11,8}} + \frac{10{,}6}{(1+i_{e,4})^{12,8}} + \frac{10{,}4}{(1+i_{e,4})^{13,8}} + \frac{10{,}2}{(1+i_{e,4})^{14,8}} - 99{,}4 = 0$$

Diese Gleichung läßt sich nun durch lineare Interpolation lösen: Setzt man in die Nettowertfunktion (linke Seite der Gleichung) für $i_{e,4}$ den unteren Startwert von 0,0194265 ein, so erhält man als Nettowert 1,5239458. Setzt man für $i_{e,4}$ den oberen Startwert 0,0217782 ein, so ergibt das einen Nettowert von - 0,6158423.

Mit diesen Ausgangsdaten versucht man nun, durch lineare Interpolation auf einen besseren Näherungszinssatz zu kommen:

$$i_{e,4}^{3} = 0{,}0194265 - 1{,}5239458 \cdot \frac{0{,}0217782 - 0{,}0194265}{-0{,}6158423 - 1{,}5239458} = 0{,}0211014$$

Setzt man 0,0211014 in die Nettowertfunktion ein, so erhält man einen Nettowert von - 0,0058764. Da dieser Wert negativ ist und die Nettowertfunktion eine fallende Funktion darstellt, liegt der Näherungszinssatz 2,11014 % über der noch zu ermittelnden Rendite. Deshalb wird der obere Startzinssatz (2,17782 %) durch 2,11014 % ersetzt. Man geht mit den Wertepaaren (0,0194265/1,5239458) und (0,0211014/-0,0058764) in die nächste Iteration:

$$i_{e,4}^{4} = 0{,}0194265 - 1{,}5239458 \cdot \frac{0{,}0211014 - 0{,}0194265}{-0{,}0058764 - 1{,}5239458} = 0{,}0210950$$

Durch Einsetzen des neuen Näherungszinssatzes in die Nettowertfunktion zeigt sich, daß der Nettowert bei diesem Zinssatz (nahe genug bei) 0 liegt. Somit ist die Quartalsrendite 2,1095 %. Die Umrechnung in eine Jahresrendite ergibt:

$$i_{e(p.a.)} = 1{,}021095^{4} - 1 = 0{,}0870877$$

Die Jahresrendite nach der ISMA-Methode beträgt also (auf drei Dezimalstellen gerundet) 8,709 %.

Kontrolle: Tabellarische Darstellung der Barwertberechnung:

Aus Beispiel 13 ist die Rückflußstruktur der Anleihe bereits bekannt. Folgende Tabelle zeigt zusätzlich für die ISMA-Methode unter Anwendung der ISMA-Rendite in Höhe von 2,1095 % pro Quartal

- die Barwerte der einzelnen Rückflüsse (bezogen auf den Bewertungsstichtag)
- die Übereinstimmung zwischen dem Bruttokurs in Höhe von 99,4 und der Summe der Barwerte

	13.5. 1997	13.8. 1997	13.11. 1997	13.2. 1998	13.5. 1998	13.8. 1998	13.11. 1998	13.2. 1999	13.5. 1999	13.8. 1999	13.11. 1999	13.2. 2000	13.5. 2000	13.8. 2000	13.11. 2000	Σ
R	2	2	2	2	2	12	11,8	11,6	11,4	11,2	11,0	10,8	10,6	10,4	10,2	
BW	1,97	1,93	1,89	1,85	1,81	10,63	10,24	9,86	9,49	9,13	8,78	8,44	8,11	7,80	7,49	**99,4**

3.2.1.3 Das Vergleichskonto

Wie bereits anläßlich der Renditedefinition erklärt, läßt sich die Rendite nicht nur als Interner Zinsfuß der Anleihe interpretieren, sondern auch als jener Zinssatz, mit dem ein fiktives Vergleichskonto verzinst werden müßte, um am Laufzeitende einen Saldo von 0 zu ergeben. Diese zweite Definition kann nun - je nach Zugang zur Materie - entweder als alternative Form der Renditeberechnung (die ebenfalls iterativ erfolgen müßte) oder als Kontrollmöglichkeit aufgefaßt werden.

Das Vergleichskonto nach der ISMA-Methode ist ein Konto mit täglichem Zinszuschlag. Nachstehendes Beispiel soll die Führung des Vergleichskontos nach der ISMA-Methode für die Anleihe „XYZ“ veranschaulichen:

BEISPIEL 17: Vergleichskonto nach der ISMA-Methode

Erstellt man für die Anleihe „XYZ“ am 1. 3. 1997 ein Vergleichskonto nach der ISMA-Methode unter Verwendung der berechneten ISMA-Rendite, so erhält man folgendes Konto:

Zeitpunkt	Text	Sollzinsen Vergleichs-konto	Zahlung aus der Anleihe	Saldo Vergleichs-konto
01.03.1997	fiktive Kreditaufnahme		- 99,40	-99,40
13.05.1997	Verzinsung, Rückfluß	-1,67	2,00	-99,07
13.08.1997	Verzinsung, Rückfluß	-2,09	2,00	-99,16
13.11.1997	Verzinsung, Rückfluß	-2,09	2,00	-99,26
13.02.1998	Verzinsung, Rückfluß	-2,09	2,00	-99,35
13.05.1998	Verzinsung, Rückfluß	-2,10	2,00	-99,45
13.08.1998	Verzinsung, Rückfluß	-2,10	12,00	-89,54
13.11.1998	Verzinsung, Rückfluß	-1,89	11,80	-79,63
13.02.1999	Verzinsung, Rückfluß	-1,68	11,60	-69,71
13.05.1999	Verzinsung, Rückfluß	-1,47	11,40	-59,78
13.08.1999	Verzinsung, Rückfluß	-1,26	11,20	-49,84
13.11.1999	Verzinsung, Rückfluß	-1,05	11,00	-39,90
13.02.2000	Verzinsung, Rückfluß	-0,84	10,80	-29,94
13.05.2000	Verzinsung, Rückfluß	-0,63	10,60	-19,97
13.08.2000	Verzinsung, Rückfluß	-0,42	10,40	- 9,99
13.11.2000	Verzinsung, Rückfluß	-0,21	10,20	**0,00**

Ergänzende Kommentare:

1) Sollzinsen beim Vergleichskonto

Da beim Vergleichskonto täglich Zinsen zugeschlagen werden, müßte hier zeilenweise jeder einzelne Tag der Restlaufzeit angeführt sein. Um die Tabelle abzukürzen, wurden die Zinszuschläge innerhalb einer Kuponperiode jeweils kumuliert und die gesamten aufgelaufenen Zinsen zu den einzelnen Kuponterminen angeführt.

Diese Kumulierung der Zinsen zu den Kuponterminen erfolgt, indem man, ausgehend vom Saldo der Vorperiode, durch exponentielles Aufzinsen mit der Quartalsrendite (in Höhe von 2,1095 %) bis zum Kupontermin zunächst die Summe aus Kapital und Sollzinsen berechnet. Die relevante Verzinsungsdauer ist die Zeitdifferenz in Quartalen (da mit einem Quartalszinssatz gerechnet wird). Dies sind 0,8 Quartale für den Zeitraum vom 1. 3. 1997 bis zum 13. 5. 1997 bzw. genau ein Quartal für den Zeitraum zwischen zwei aufeinander folgenden Kuponterminen.[11)] Anschließend zieht man den Saldo der Vorperiode ab, um die Sollzinsen zu bekommen. Diese Vorgangsweise soll anhand von zwei Beispielen demonstriert werden:

Die Sollzinsen vom 13. 5. 1997 werden wie folgt berechnet:

$$\text{Kapital} + \text{Sollzinsen} = (-99{,}4) \cdot (1{,}021095)^{0{,}8} = -101{,}07$$
$$\text{Sollzinsen} = (-101{,}07) - (-99{,}4) = -1{,}67$$

Die Sollzinsen vom den 13. 8. 1997 erhält man folgendermaßen:

$$\text{Kapital} + \text{Sollzinsen} = (-99{,}07) \cdot (1{,}021095)^{1} = -101{,}16$$
$$\text{Sollzinsen} = (-101{,}16) - (-99{,}07) = -2{,}09$$

Das negative Vorzeichen der Sollzinsen ist verständlich, da das (debitorisch geführte) Konto mit diesen Zinsen belastet wird.

---

[11] Diese exponentielle Aufzinsung kann aufgrund der Aggregations- und Disaggregationseigenschaft sowohl mit der Jahresrendite als auch mit der Periodenrendite erfolgen. Die Dimension der Verzinsungsdauer muß allerdings natürlich an jene des Zinssatzes angepaßt werden.

2) Zahlungen aus der Anleihe

Diese Spalte enthält am Bewertungsstichtag den Bruttokurs (fiktive Kreditaufnahme) und danach die Rückflüsse aus der Anleihe (fiktive Kreditrückzahlung) - wie sie Beispiel 13 zu entnehmen sind.

3) Saldo des Vergleichskontos

Der Saldo des Vergleichskontos ergibt sich aus dem Saldo der Vorperiode minus den Sollzinsen für diese Periode plus der Zahlung aus der Anleihe zu diesem Kupontermin. Als Beispiele seien wieder der 13. 5. 1997 und der 13. 8. 1997 angeführt:

$$-99{,}40 - 1{,}67 + 2{,}00 = -99{,}07$$
$$-99{,}07 - 2{,}09 + 2{,}00 = -99{,}16$$

Da als Zinssatz für dieses Vergleichskonto die Rendite (nach der ISMA-Methode) verwendet wurde, ist es nicht verwunderlich, daß der Saldo am Ende der Anleihenlaufzeit (13. 11. 2000) genau 0 ist.

Aus der Vorgangsweise bei der Berechnung der Sollzinsen folgt, daß das Vergleichskonto zeilenweise erstellt werden muß.

3.2.1.4 Kritische Würdigung

Wie bereits beschrieben, wird bei der ISMA-Methode jede Zahlung direkt exponentiell zum Bewertungsstichtag abgezinst. Durch diese einheitlich exponentielle Abzinsung wird der **Zinseszinseffekt im gesamten Restlaufzeitbereich berücksichtigt**. Daher ist diese Methode finanzmathematisch am genauesten.

Da beim Vergleichskonto der Zinszuschlag täglich erfolgt, ist (im Gegensatz zu den Methoden nach Braeß/Fangmeyer und nach der Preisangabenverordnung) keine willkürliche Annahme über Zinszuschlagstermine notwendig. Außerdem ist das Vergleichskonto (im Gegensatz zur Moosmüller-Methode und zur Amerikanischen Methode) unabhängig von der Kuponhäufigkeit der Anleihe. Aus diesen Gründen kann die ISMA-Rendite nicht verzerrt werden.

Ein interessantes Phänomen ergibt sich, wenn man die Renditeberechnung auf **Anleihenportefeuilles** ausdehnt: Faßt man zwei Anleihen mit unterschiedlicher Restlaufzeit und gleicher Rendite zu einem Portefeuille zusammen, so entspricht es den Regeln der Logik, daß dieses Portefeuille die gleiche Rendite wie die beiden einzelnen Anleihen hat. Dies stimmt jedoch nur bei der ISMA-Methode in jedem Fall. Bei allen anderen Methoden kann es zu Abweichungen kommen.

Ein weiterer Vorteil der ISMA-Methode besteht darin, daß sie die **am weitesten verbreitete** Renditemethode ist. Ihre Anwendung stellt somit einen Schritt in Richtung „Vereinheitlichung" der Renditeberechnung" dar.

Die ISMA-Methode weist zweifellos **formal** die **einfachste** Struktur aller Renditemethoden auf. Dadurch kann die ISMA-Rendite **schneller berechnet** und **leichter kontrolliert** werden als die Renditen nach den übrigen Methoden. Obwohl dieser Aspekt bei der Wahl der Renditemethode nicht entscheidend sein sollte, muß man ihn doch erwähnen, da er eine zusätzliche Stärke darstellt.

Die ISMA-Methode wird allerdings aus einem Grund kritisiert: Da auch über den Zeitraum zwischen dem Bewertungsstichtag und dem ersten Kupontermin exponentiell abgezinst wird, **unterstellt** diese Methode eine **exponentielle Stückzinsenberechnung**. In der Praxis werden jedoch - wie aus Abschnitt 2 zu entnehmen ist - die Stückzinsen linear berechnet. Dieser Kritik muß allerdings entgegnet werden, daß das Auseinanderklaffen zwischen Stückzinsenberechnung und Renditeberechnung eher auf eine Ungenauigkeit bei der Stückzinsenberechnung der Praxis als auf einen Fehler der Renditemethode zurückzuführen ist. Optimal wäre eine exponentielle Stückzinsenberechnung in der Praxis kombiniert mit der Renditeberechnung nach der ISMA-Methode.

Als Nachteil der ISMA-Methode wird des öfteren auch genannt, daß sie für Laien **schwierig nachzuvollziehen** und zu **interpretieren** ist, weil in der Praxis Konten mit täglichem Zinszuschlag selten sind.

Ein weiterer Nachteil besteht darin, daß mit einer **Periodenrendite** gerechnet wird und diese **in eine Jahresrendite umgerechnet werden muß**. Im Zeitalter von Computern sollte dies allerdings die Methodenwahl nicht beeinflussen.[12)]

[12] Darüber hinaus kann dieses Problem (aufgrund der Aggregationsmöglichkeit bei der exponentiellen Verzinsung) recht einfach umgangen werden, indem man die ISMA-Rendite - abweichend von der in diesem Buch gewählten Darstellungsform (und daher natürlich mit einer modifizierten Renditegleichung) - unter Zugrundelegung eines Jahreszinssatzes berechnet.

3.2.2 Die Moosmüller-Methode

Die Methode nach Moosmüller wird nur in Deutschland (v. a. im institutionellen Rentenhandel) verwendet. So greifen zum Beispiel die Landesbanken, die Genossenschaftsbanken, die Länder-Finanzministerien und die Großindustrie auf diese Methode zurück.

3.2.2.1 Das Prinzip

Die Moosmüller-Methode verwendet ebenso wie die ISMA-Methode einen **Zinssatz pro Kuponperiode**. Die Anzahl der Zinszuschlagstermine pro Jahr beim Vergleichskonto **paßt sich** aber im Gegensatz zur ISMA-Methode an die Kuponhäufigkeit der Anleihe an. Die **Zinszuschlagstermine** entsprechen den **Kuponterminen** der Anleihe. Das bedeutet, daß z. B. bei Anleihen mit **jährlicher** Verzinsung als Vergleichskonto ein Konto mit **jährlichem** Zinszuschlag herangezogen wird. Bei Anleihen mit **halbjährlicher** Verzinsung wird hingegen als Vergleichskonto ein Konto mit **halbjährlichem** Zinszuschlag unterstellt.

Dies bewirkt bei der **Barwertermittlung** folgendes: Wieder muß nicht aufgezinst werden, da sämtliche Rückflüsse zu einem Zinszuschlagstermin anfallen. Die einzelnen Rückflüsse können sofort stufenweise linear von einem Kupontermin zum jeweils vorigen bis hin zum ersten Kupontermin (= erster Zinszuschlagstermin) abgezinst werden. Da die Abzinsungsdauer jeweils einer Kuponperiode (bei dieser Methode identisch mit einer Zinsperiode) entspricht, kommt diese stufenweise Abzinsung einer exponentiellen Abzinsung gleich. Vom ersten Kupontermin bis zum Bewertungsstichtag wird dann linear abgezinst.

Dies läßt sich für die Anleihe „XYZ" folgendermaßen darstellen:

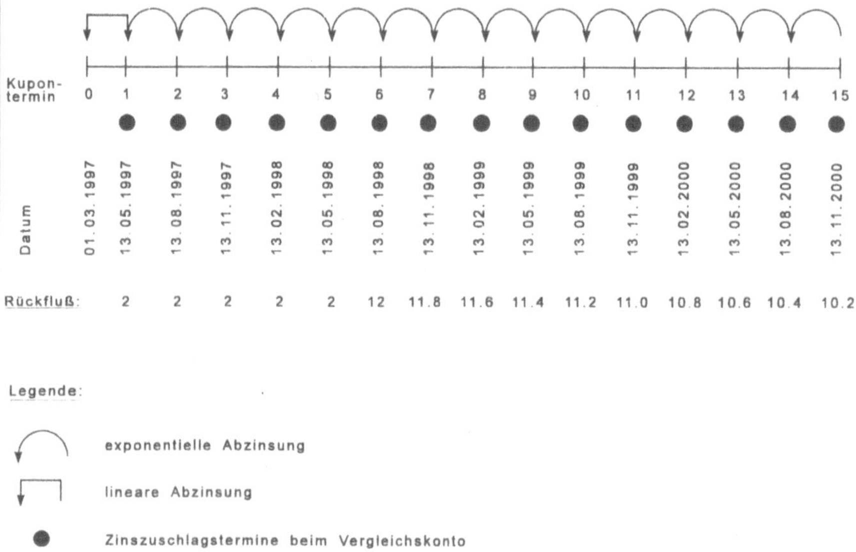

Abbildung 10: Abzinsung der Rückflüsse nach der Moosmüller-Methode

3.2.2.2 Die Renditegleichung

Bei der Herleitung der Renditegleichung geht man wieder von einem beliebigen **Kupontermin t** aus, für den (wie bei der ISMA-Methode) folgende formale Einschränkung gilt:

$$1 \leq t \leq RLZ_{auf}$$

Die ersten beiden Schritte (Berechnung des Rückflusses zum Kupontermin t sowie Abzinsung bis zum ersten Kupontermin) können von der ISMA-Methode übernommen werden. Der **zum ersten Kupontermin abgezinste Rückfluß zum Kupontermin t** sieht folgendermaßen aus:

$$\frac{\left(1-\sum_{x=1}^{t-1}\frac{T_x}{100}\right)\cdot\frac{p}{m}+T_t\cdot\frac{TK_t}{100}}{\left(1+i_{e,m}\right)^{t-1}}$$

3) Nun wird dieser Rückfluß **linear vom ersten Kupontermin bis zum Bewertungsstichtag abgezinst**. Der (in Kuponperioden ausgedrückte) Abzinsungszeitraum ist wie bei der ISMA-Methode tg•m/360. Der Wert des Rückflusses, bezogen auf den Bewertungsstichtag, beträgt somit:

$$\frac{\left(1-\sum_{x=1}^{t-1}\frac{T_x}{100}\right)\cdot\frac{p}{m}+T_t\cdot\frac{TK_t}{100}}{\left(1+i_{e,m}\right)^{t-1}\cdot\left(1+i_{e,m}\cdot\frac{tg\cdot m}{360}\right)}$$

BEISPIEL 18: Abzinsung eines Rückflusses nach der Moosmüller-Methode

Als Beispiel soll wieder der Kupontermin 13. 2. 2000 der Anleihe „XYZ" dienen. Es ist zu analysieren, wie der Rückfluß vom 13. 2. 2000 (mit der noch zu berechnenden Quartalsrendite nach der Moosmüller-Methode) bis zum Bewertungsstichtag 1. 3. 1997 abgezinst wird.

Lösung:

Da die Moosmüller-Methode alle Rückflüsse gleich wie die ISMA-Methode zum ersten Kupontermin abzinst, kann man den ersten Schritt aus Beispiel 15 übernehmen. Der zum 13. 5. 1997 abgezinste Rückfluß vom 13. 2. 2000 ist:

$$\frac{10{,}8}{\left(1+i_{e,4}\right)^{11}}$$

Nun muß man den Rückfluß weiter linear vom 13. 5. 1997 bis zum 1. 3. 1997 abzinsen. Die Abzinsungsdauer beträgt 0,8 Quartale (vgl. Beispiel 15):

$$\frac{10{,}8}{\left(1+i_{e,4}\right)^{11} \cdot \left(1+i_{e,4} \cdot 0{,}8\right)}$$

4) Die Schritte 1 bis 3 sind natürlich **für alle Kupontermine** vorzunehmen. Die Barwerte der Rückflüsse müssen dann addiert werden. Es ist also wie bei der ISMA-Methode eine Summe mit den Grenzen 1 und RLZ_{auf} zu bilden:

$$\sum_{t=1}^{RLZ_{auf}} \frac{\left(1-\sum_{x=1}^{t-1}\frac{T_x}{100}\right) \cdot \frac{p}{m} + T_t \cdot \frac{TK_t}{100}}{\left(1+i_{e,m}\right)^{t-1} \cdot \left(1+i_{e,m} \cdot \frac{tg \cdot m}{360}\right)}$$

5) Die Summe aller abgezinsten Rückflüsse ist anschließend mit dem Bruttokurs $P_{0,B}$ gleichzusetzen, um die **Renditegleichung** zu erhalten:

$$P_{0,B} = \sum_{t=1}^{RLZ_{auf}} \frac{\left(1-\sum_{x=1}^{t-1}\frac{T_x}{100}\right) \cdot \frac{p}{m} + T_t \cdot \frac{TK_t}{100}}{\left(1+i_{e,m}\right)^{t-1} \cdot \left(1+i_{e,m} \cdot \frac{tg \cdot m}{360}\right)}$$

6) Diese Gleichung ist **iterativ** zu lösen. Das Ergebnis ist die Periodenrendite.

7) Diese Periodenrendite muß noch in eine Jahresrendite **umgerechnet** werden. Dazu bedient man sich der bereits aus Abschnitt 1 bekannten Formel für die exponentielle Umrechnung eines Periodenzinssatzes in einen Jahreszinssatz:

$$i_{e(p.a.)} = \left(1+i_{e,m}\right)^{m} - 1$$

BEISPIEL 19: Renditeberechnung nach der Moosmüller-Methode

Es ist mittels linearer Interpolation die Rendite der Anleihe „XYZ“ am 1. 3. 1997 nach der Moosmüller-Methode zu berechnen. Als Startzinssätze verwendet man (wie bei der ISMA-Methode) 1,94265 % und 2,17782 % pro Quartal.

Lösung:

Die Renditegleichung nach der Moosmüller-Methode für die Anleihe „XYZ“ läßt sich unter Zuhilfenahme von Abbildung 10, Beispiel 13 und der hergeleiteten Renditegleichung erstellen:

$$99{,}4 = \frac{2}{(1+i_{e,4}\cdot 0{,}8)} + \frac{2}{(1+i_{e,4})\cdot(1+i_{e,4}\cdot 0{,}8)} + \frac{2}{(1+i_{e,4})^2(1+i_{e,4}\cdot 0{,}8)} +$$

$$+ \frac{2}{(1+i_{e,4})^3\cdot(1+i_{e,4}\cdot 0{,}8)} + \frac{2}{(1+i_{e,4})^4\cdot(1+i_{e,4}\cdot 0{,}8)} + \frac{12}{(1+i_{e,4})^5\cdot(1+i_{e,4}\cdot 0{,}8)} +$$

$$+ \frac{11{,}8}{(1+i_{e,4})^6\cdot(1+i_{e,4}\cdot 0{,}8)} + \frac{11{,}6}{(1+i_{e,4})^7\cdot(1+i_{e,4}\cdot 0{,}8)} + \frac{11{,}4}{(1+i_{e,4})^8\cdot(1+i_{e,4}\cdot 0{,}8)} +$$

$$+ \frac{11{,}2}{(1+i_{e,4})^9\cdot(1+i_{e,4}\cdot 0{,}8)} + \frac{11{,}0}{(1+i_{e,4})^{10}\cdot(1+i_{e,4}\cdot 0{,}8)} + \frac{10{,}8}{(1+i_{e,4})^{11}\cdot(1+i_{e,4}\cdot 0{,}8)} +$$

$$+ \frac{10{,}6}{(1+i_{e,4})^{12}\cdot(1+i_{e,4}\cdot 0{,}8)} + \frac{10{,}4}{(1+i_{e,4})^{13}\cdot(1+i_{e,4}\cdot 0{,}8)} + \frac{10{,}2}{(1+i_{e,4})^{14}\cdot(1+i_{e,4}\cdot 0{,}8)}$$

Wie bei der ISMA-Methode wandelt man diese Renditegleichung in eine Gleichung der Form „Nettowert = 0“ um, indem man von beiden Seiten 99,4 abzieht:

$$\frac{2}{(1+i_{e,4}\cdot 0{,}8)}+\frac{2}{(1+i_{e,4})\cdot(1+i_{e,4}\cdot 0{,}8)}+\frac{2}{(1+i_{e,4})^2(1+i_{e,4}\cdot 0{,}8)}+$$

$$+\frac{2}{(1+i_{e,4})^3\cdot(1+i_{e,4}\cdot 0{,}8)}+\frac{2}{(1+i_{e,4})^4\cdot(1+i_{e,4}\cdot 0{,}8)}+\frac{12}{(1+i_{e,4})^5\cdot(1+i_{e,4}\cdot 0{,}8)}+$$

$$+\frac{11{,}8}{(1+i_{e,4})^6\cdot(1+i_{e,4}\cdot 0{,}8)}+\frac{11{,}6}{(1+i_{e,4})^7\cdot(1+i_{e,4}\cdot 0{,}8)}+\frac{11{,}4}{(1+i_{e,4})^8\cdot(1+i_{e,4}\cdot 0{,}8)}+$$

$$+\frac{11{,}2}{(1+i_{e,4})^9\cdot(1+i_{e,4}\cdot 0{,}8)}+\frac{11{,}0}{(1+i_{e,4})^{10}\cdot(1+i_{e,4}\cdot 0{,}8)}+\frac{10{,}8}{(1+i_{e,4})^{11}\cdot(1+i_{e,4}\cdot 0{,}8)}+$$

$$+\frac{10{,}6}{(1+i_{e,4})^{12}\cdot(1+i_{e,4}\cdot 0{,}8)}+\frac{10{,}4}{(1+i_{e,4})^{13}\cdot(1+i_{e,4}\cdot 0{,}8)}+\frac{10{,}2}{(1+i_{e,4})^{14}\cdot(1+i_{e,4}\cdot 0{,}8)}-99{,}4=0$$

Setzt man in die Nettowertfunktion (linke Seite der Gleichung) für $i_{e,4}$ den unteren Startzinssatz (0,0194265) ein, so bekommt man einen Nettowert von 1,5209685. Beim oberen Startzinssatz (0,0217782) beträgt der Nettowert - 0,6194946. Einen besseren Näherungszinssatz erhält man durch Interpolation:

$$i_{e,4}{}^3=0{,}0194265-1{,}5209685\cdot\frac{0{,}0217782-0{,}0194265}{-0{,}6194946-1{,}5209685}=0{,}0210976$$

Durch Einsetzen dieses Zinssatzes in die Nettowertfunktion erhält man einen Nettowert von - 0,0058901. Da dieser negativ ist (und die Nettowertfunktion fällt), ist der neue Näherungszinssatz höher als die zu ermittelnde Rendite. Deshalb ersetzt man den oberen Startzinssatz, und man geht mit den Wertepaaren (0,0194265/1,5209685) und (0,0210976/-0,0058901) in die nächste Iteration:

$$i_{e,4}{}^4=0{,}0194265-1{,}5209685\cdot\frac{0{,}0210976-0{,}0194265}{-0{,}0058901-1{,}5209685}=0{,}0210912$$

Der Nettowert bei diesem Zinssatz ist (nahe genug bei) 0. Die Quartalsrendite nach der Moosmüller-Methode beträgt also 2,10912 %. Dieser Wert ist nun noch in eine Jahresrendite umzurechnen:

$$i_{e(p.a.)} = 1{,}0210912^4 - 1 = 0{,}0870716$$

Die auf drei Dezimalstellen gerundete Moosmüller-Rendite ist somit 8,707 %.

Kontrolle: Tabellarische Darstellung der Barwertberechnung:

Die nachstehende Tabelle zeigt die Barwerte der einzelnen Rückflüsse bei Abzinsung nach der Moosmüller-Methode mit der Moosmüller-Rendite von 2,10912 % pro Quartal:

	13.5. 1997	13.8. 1997	13.11. 1997	13.2. 1998	13.5. 1998	13.8. 1998	13.11. 1998	13.2. 1999	13.5. 1999	13.8. 1999	13.11. 1999	13.2. 2000	13.5. 2000	13.8. 2000	13.11. 2000	Σ
R	2	2	2	2	2	12	11,8	11,6	11,4	11,2	11,0	10,8	10,6	10,4	10,2	
BW	1,97	1,93	1,89	1,85	1,81	10,63	10,24	9,86	9,49	9,13	8,78	8,44	8,12	7,80	7,49	**99,4**

Der Wert der Anleihe nach der Moosmüller-Methode (berechnet mit der Moosmüller-Rendite) entspricht also dem Bruttokurs in Höhe von 99,4.

3.2.2.3 Das Vergleichskonto

Zur Kontrolle der berechneten Rendite kann wieder das Vergleichskonto herangezogen werden.

Das Vergleichskonto nach der Moosmüller-Methode ist ein Konto, bei dem zu jedem Kupontermin der Anleihe Zinsen zugeschlagen werden. Beispiel 20 soll die Führung des Vergleichskontos nach der Moosmüller-Methode für die Anleihe „XYZ“verdeutlichen:

BEISPIEL 20: Vergleichskonto nach der Moosmüller-Methode

Führt man für die Anleihe „XYZ" am 1. 3. 1997 ein Vergleichskonto nach der Moosmüller-Methode unter Verwendung der Moosmüller-Rendite, so erhält man folgendes Konto:

Zeitpunkt	Text	Sollzinsen Vergleichs-konto	Zahlung aus der Anleihe	Saldo Vergleichs-konto
01.03.1997	fiktive Kreditaufnahme		- 99,40	-99,40
13.05.1997	Verzinsung, Rückfluß	-1,68	2,00	-99,08
13.08.1997	Verzinsung, Rückfluß	-2,09	2,00	-99,17
13.11.1997	Verzinsung, Rückfluß	-2,09	2,00	-99,26
13.02.1998	Verzinsung, Rückfluß	-2,09	2,00	-99,35
13.05.1998	Verzinsung, Rückfluß	-2,10	2,00	-99,45
13.08.1998	Verzinsung, Rückfluß	-2,10	12,00	-89,54
13.11.1998	Verzinsung, Rückfluß	-1,89	11,80	-79,63
13.02.1999	Verzinsung, Rückfluß	-1,68	11,60	-69,71
13.05.1999	Verzinsung, Rückfluß	-1,47	11,40	-59,78
13.08.1999	Verzinsung, Rückfluß	-1,26	11,20	-49,84
13.11.1999	Verzinsung, Rückfluß	-1,05	11,00	-39,90
13.02.2000	Verzinsung, Rückfluß	-0,84	10,80	-29,94
13.05.2000	Verzinsung, Rückfluß	-0,63	10,60	-19,97
13.08.2000	Verzinsung, Rückfluß	-0,42	10,40	- 9,99
13.11.2000	Verzinsung, Rückfluß	-0,21	10,20	**0,00**

Ergänzende Kommentare:

1) Sollzinsen beim Vergleichskonto

Die Sollzinsen werden entsprechend der Zinsformel bei linearer Verzinsung berechnet. Als Anfangskapital ist der Saldo der Vorperiode zu nehmen. Als Zinssatz verwendet man die Quartalsrendite von 2,10912 %. Die relevante Verzinsungsdauer ist die Zeitdifferenz in Quartalen (da mit einem Quartalszinssatz gerechnet wird). Dies sind 0,8 Quartale für den Zeitraum vom 1. 3. 1997 bis zum 13. 5. 1997 und genau ein Quartal zwischen zwei aufeinander folgenden Kuponterminen.

Als Beispiel sei die Berechnung der Sollzinsen für die Kupontermine 13. 5. 1997 und 13. 8. 1997 nachvollzogen:

$-99{,}40 \cdot 0{,}0210912 \cdot 0{,}8 = -1{,}68$

$-99{,}08 \cdot 0{,}0210912 \cdot 1 \quad = -2{,}09$

2) Zahlungen aus der Anleihe

Diese Spalte enthält (wie bei der ISMA-Methode) den Bruttokurs und die Rückflüsse aus der Anleihe.

3) Saldo des Vergleichskontos

Der Saldo des Vergleichskontos ergibt sich aus dem Saldo des Vergleichskontos der Vorperiode abzüglich Sollzinsen plus Zahlung aus der Anleihe. Dies sei für den 13. 5. 1997 und den 13. 8. 1997 gezeigt:

$-99{,}40 - 1{,}68 + 2{,}00 = -99{,}08$

$-99{,}08 - 2{,}09 + 2{,}00 = -99{,}17$

Der Saldo am Ende der Anleihenlaufzeit ist selbstverständlich 0, da als Zinssatz die Rendite nach der Moosmüller-Methode verwendet wurde.

3.2.2.4 Kritische Würdigung

Wie die ISMA-Methode weist auch die Moosmüller-Methode eine **einfache formale** Struktur auf, wodurch sie relativ einfach zu berechnen und zu kontrollieren ist.

Ein weiterer Vorteil der Moosmüller-Methode (im Vergleich zu den noch folgenden Methoden nach Braeß/Fangmeyer und nach der Preisangabenverordnung) besteht darin, daß die **Zinszuschlagstermine** beim Vergleichskonto **nicht willkürlich** angenommen werden. Es gibt somit keine Ergebnisverzerrungen durch die Wahl des Zinszuschlagstermines.

Für den Bereich der **ganzzahligen Restlaufzeit in Kuponperioden** gilt der Hauptvorteil der ISMA-Methode, die **Berücksichtigung des Zinseszinseffektes**, ebenso für die Moosmüller-Methode.

Ein großer Nachteil der Moosmüller-Methode liegt jedoch in der **linearen Abzinsung im Bereich der gebrochenen Restlaufzeit in Kuponperioden**. Die Befürworter der Moosmüller-Methode führen als Rechtfertigung an, daß in der Praxis die Stückzinsen ebenfalls linear berechnet werden, und daß durch die lineare Abzinsung vom ersten Kupontermin bis zum Bewertungsstichtag diesem Umstand Rechnung getragen werden soll. Man sollte allerdings - wie bereits bei der ISMA-Methode erwähnt - eher die Stückzinsenberechnung in der Praxis auf exponentielle Verzinsung umstellen als die Ungenauigkeit der Praxis durch eine gleichermaßen ungenaue Renditemethode nachzubilden.

Ein weiterer Nachteil zeigt sich, wenn man ein **Portefeuille** von zwei Anleihen mit unterschiedlicher Restlaufzeit und gleicher Rendite nach Moosmüller betrachtet. Obwohl es logisch wäre, daß das Portefeuille die gleiche Moosmüller-Rendite wie die beiden einzelnen Anleihen hat, ist das nicht zwingend der Fall.

Ein anderer minimaler Nachteil der Moosmüller-Methode besteht darin, daß die Methode nur in Deutschland verwendet wird und somit ihre Anwendung **nicht** zur **Vereinheitlichung** der Renditeberechnung beiträgt.

Wie die ISMA-Methode verwendet auch die Moosmüller-Methode eine Periodenrendite. Die dadurch notwendige **Umrechnung der Periodenrendite in eine Jahresrendite** stellt einen weiteren geringfügigen Nachteil dar.

Als weiterer Nachteil der Moosmüller-Methode wird gelegentlich genannt, daß sie für Laien **schwer zu interpretieren** ist. Dies gilt insbesondere bei Anleihe mit mehreren Kuponterminen pro Jahr, weil dann das Vergleichskonto im Gegensatz zu den in der Praxis vorherrschenden Bankkonten mehrere Zinszuschlagstermine im Jahr hat.

3.2.3 Die Amerikanische Methode

Die Amerikanische Methode kommt aus dem angelsächsischen Raum und wird vor allem von Leasinggesellschaften verwendet.

3.2.3.1 Das Prinzip

Im Gegensatz zu den beiden bisher beschriebenen Methoden verwendet die Amerikanische Methode einen **Jahreszinssatz**. Das **Vergleichskonto** wird **an die Anleihe** in der Weise **angepaßt**, daß **bei jedem Rückfluß** ein **Zinszuschlag** erfolgt. Das bedeutet, daß beim Vergleichskonto nach der Amerikanischen Methode die **Zinszuschlagstermine** des Vergleichskontos mit den **Kuponterminen** der Anleihe übereinstimmen. Handelt es sich also z. B. um eine Anleihe mit **jährlicher** Verzinsung, ist das Vergleichskonto ein Konto mit **jährlichem** Zinszuschlag. Bei einer Anleihe mit **halbjährlicher** Verzinsung ist das Vergleichskonto ein Konto mit **halbjährlichem** Zinszuschlag.

Bei der **Barwertermittlung** nach der Amerikanischen Methode geht man daher folgendermaßen vor: Da jeder Rückfluß zu einem Zinszuschlagstermin erfolgt, kann wieder auf Aufzinsungen verzichtet werden. Die einzelnen Rückflüsse werden stufenweise linear von einem Kupontermin zum jeweils vorigen abgezinst, bis man beim ersten Kupontermin angelangt ist. Die Abzinsung vom ersten Kupontermin bis zum Bewertungsstichtag erfolgt ebenfalls linear. Dies läßt sich für die Anleihe „XYZ“ wie folgt darstellen:

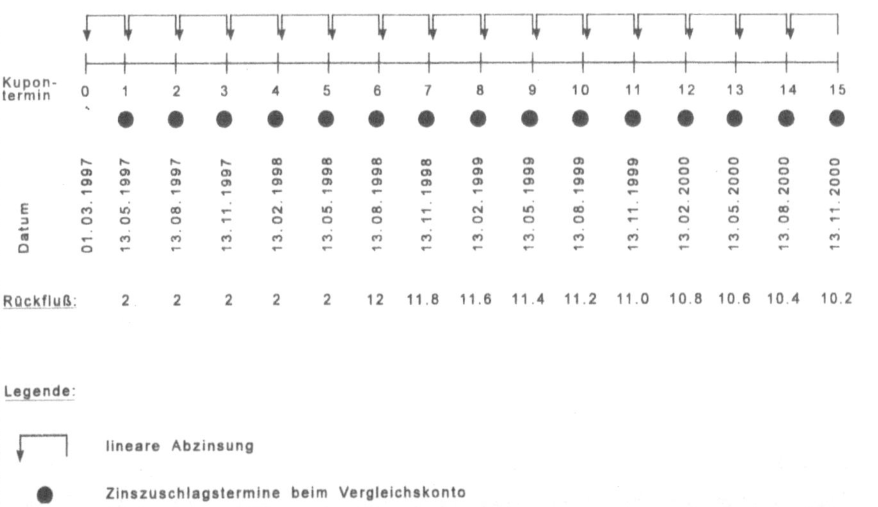

Abbildung 11: Abzinsung der Rückflüsse nach der Amerikanischen Methode

3.2.3.2 Die Renditegleichung

Bei der Herleitung der Renditegleichung geht man von einem beliebigen **Kupontermin t** mit der folgenden formalen Einschränkung aus:

$$1 \leq t \leq RLZ_{auf}$$

1) Der **Rückfluß zum Kupontermin t** wurde bereits in Kapitel 3.1.2 hergeleitet:

$$\left(1-\sum_{x=1}^{t-1}\frac{T_x}{100}\right)\cdot\frac{p}{m}+T_t\cdot\frac{TK_t}{100}$$

2) Zunächst zinst man den Rückfluß vom Kupontermin t stufenweise linear bis zum ersten Kupontermin ab. Die Verzinsungsdauer für eine einzelne Abzinsung ist genau eine Kuponperiode - also 1/m Jahr. Der lineare Abzinsungsfaktor für diesen Zeitraum (unter Verwendung der noch zu berechnenden Jahresrendite als Zinssatz) ist daher:

$$1+\frac{i_{e(p.a.)}}{m}$$

Da insgesamt vom Kupontermin t bis zum ersten Kupontermin abgezinst wird, muß der Rückfluß (t-1) mal mit diesem Abzinsungsfaktor multipliziert werden. Dieser Vorgang läßt sich durch die Hochzahl (t-1) darstellen. Der **zum ersten Kupontermin abgezinste Rückfluß** ist daher:

$$\frac{\left(1-\sum_{x=1}^{t-1}\frac{T_x}{100}\right)\cdot\frac{p}{m}+T_t\cdot\frac{TK_t}{100}}{\left(1+\frac{i_{e(p.a.)}}{m}\right)^{t-1}}$$

3) Dieser Rückfluß ist nun weiter **linear vom ersten Kupontermin** bis **zum Bewertungsstichtag abzuzinsen**. Die in Kuponperioden ausgedrückte Abzinsungsdauer entspricht (wie bei den beiden vorigen Methoden):

$$\frac{tg \cdot m}{360}$$

Da mit einer Jahresrendite abgezinst wird, muß man diesen Zeitraum in Jahre umrechnen:

$$\frac{tg}{360}$$

Der Wert des Rückflusses zum Zeitpunkt t, bezogen auf den Bewertungsstichtag, beträgt daher:

$$\frac{\left(1-\sum_{x=1}^{t-1}\frac{T_x}{100}\right)\cdot\frac{p}{m}+T_t\cdot\frac{TK_t}{100}}{\left(1+\frac{i_{e(p.a.)}}{m}\right)^{t-1}\cdot\left(1+i_{e(p.a.)}\cdot\frac{tg}{360}\right)}$$

BEISPIEL 21: Abzinsung eines Rückflusses nach der Amerikanischen Methode

Es soll analysiert werden, wie nach der Amerikanischen Methode der Rückfluß aus der Anleihe „XYZ“ vom 13. 2. 2000 mit der (noch zu berechnenden) Amerikanischen Rendite zum Bewertungsstichtag 1. 3. 1997 abgezinst wird.

Lösung:

Der Rückfluß vom 13. 2. 2000 beträgt - wie in Beispiel 13 berechnet - 10,8 Geldeinheiten. Dieser Rückfluß wird zunächst mit der Jahresrendite stufenweise linear über jeweils eine Kuponperiode, also ein Quartal, bis zum 13. 5. 1997 (erster Kupontermin) abgezinst. Dies erfordert eine elfmalige lineare Abzinsung über 1/4 Jahr:

$$\frac{10{,}8}{\left(1+\frac{i_{e(p.a.)}}{4}\right)^{11}}$$

Anschließend wird dieser abgezinste Rückfluß weiter linear vom 13. 5. 1997 bis zum 1. 3. 1997 abgezinst. Die Abzinsungsdauer beträgt 0,8 Kuponperioden (Quartale). Dies entspricht (0,8/4 =) 0,2 Jahren. Der Barwert des Rückflusses vom 13. 2. 2000 ist somit:

$$\frac{10{,}8}{\left(1+\frac{i_{e(p.a.)}}{4}\right)^{11}\cdot\left(1+i_{e(p.a.)}\cdot 0{,}2\right)}$$

---

4) Die ersten drei Schritte sind natürlich **für sämtliche Kupontermine** vorzunehmen. Danach müssen die Barwerte der Rückflüsse addiert werden. Es ist also eine Summe mit den Summengrenzen 1 und RLZ_{auf} zu bilden, um den Barwert sämtlicher Rückflüsse zu erhalten:

$$\sum_{t=1}^{RLZ_{auf}} \frac{\left(1-\sum_{x=1}^{t-1}\frac{T_x}{100}\right)\cdot\frac{p}{m}+T_t\cdot\frac{TK_t}{100}}{\left(1+\frac{i_{e(p.a.)}}{m}\right)^{t-1}\cdot\left(1+i_{e(p.a.)}\cdot\frac{tg}{360}\right)}$$

5) Der Barwert der Rückflüsse muß nun wieder mit dem Bruttokurs $P_{0,B}$ gleichgesetzt werden, um die **Renditegleichung** zu bekommen:

$$P_{0,B}=\sum_{t=1}^{RLZ_{auf}} \frac{\left(1-\sum_{x=1}^{t-1}\frac{T_x}{100}\right)\cdot\frac{p}{m}+T_t\cdot\frac{TK_t}{100}}{\left(1+\frac{i_{e(p.a.)}}{m}\right)^{t-1}\cdot\left(1+i_{e(p.a.)}\cdot\frac{tg}{360}\right)}$$

6) Abschließend wird diese Gleichung **iterativ gelöst**. Man erhält direkt die Jahresrendite $i_{e(p.a.)}$.

BEISPIEL 22: Renditeberechnung nach der Amerikanischen Methode

Es ist mittels linearer Interpolation die Rendite der Anleihe „XYZ" am 1. 3. 1997 nach der Amerikanischen Methode zu berechnen. Als unterer Startzinssatz wird 8 % p. a. und als oberer Startzinssatz 9 % p. a. verwendet.

Lösung:

Die Renditegleichung nach der Amerikanischen Methode für die Anleihe „XYZ" läßt sich unter Zuhilfenahme von Beispiel 13, Abbildung 11 und der hergeleiteten Renditegleichung aufstellen:

$$
\begin{aligned}
99{,}4 = {} & \frac{2}{\left(1+i_{e(p.a.)}\cdot 0{,}2\right)} + \frac{2}{\left(1+\frac{i_{e(p.a.)}}{4}\right)\cdot\left(1+i_{e(p.a.)}\cdot 0{,}2\right)} + \frac{2}{\left(1+\frac{i_{e(p.a.)}}{4}\right)^{2}\cdot\left(1+i_{e(p.a.)}\cdot 0{,}2\right)} + \\
& + \frac{2}{\left(1+\frac{i_{e(p.a.)}}{4}\right)^{3}\cdot\left(1+i_{e(p.a.)}\cdot 0{,}2\right)} + \frac{2}{\left(1+\frac{i_{e(p.a.)}}{4}\right)^{4}\cdot\left(1+i_{e(p.a.)}\cdot 0{,}2\right)} + \frac{12}{\left(1+\frac{i_{e(p.a.)}}{4}\right)^{5}\cdot\left(1+i_{e(p.a.)}\cdot 0{,}2\right)} + \\
& + \frac{11{,}8}{\left(1+\frac{i_{e(p.a.)}}{4}\right)^{6}\cdot\left(1+i_{e(p.a.)}\cdot 0{,}2\right)} + \frac{11{,}6}{\left(1+\frac{i_{e(p.a.)}}{4}\right)^{7}\cdot\left(1+i_{e(p.a.)}\cdot 0{,}2\right)} + \frac{11{,}4}{\left(1+\frac{i_{e(p.a.)}}{4}\right)^{8}\cdot\left(1+i_{e(p.a.)}\cdot 0{,}2\right)} + \\
& + \frac{11{,}2}{\left(1+\frac{i_{e(p.a.)}}{4}\right)^{9}\cdot\left(1+i_{e(p.a.)}\cdot 0{,}2\right)} + \frac{11{,}0}{\left(1+\frac{i_{e(p.a.)}}{4}\right)^{10}\cdot\left(1+i_{e(p.a.)}\cdot 0{,}2\right)} + \frac{10{,}8}{\left(1+\frac{i_{e(p.a.)}}{4}\right)^{11}\cdot\left(1+i_{e(p.a.)}\cdot 0{,}2\right)} + \\
& + \frac{10{,}6}{\left(1+\frac{i_{e(p.a.)}}{4}\right)^{12}\cdot\left(1+i_{e(p.a.)}\cdot 0{,}2\right)} + \frac{10{,}4}{\left(1+\frac{i_{e(p.a.)}}{4}\right)^{13}\cdot\left(1+i_{e(p.a.)}\cdot 0{,}2\right)} + \frac{10{,}2}{\left(1+\frac{i_{e(p.a.)}}{4}\right)^{14}\cdot\left(1+i_{e(p.a.)}\cdot 0{,}2\right)}
\end{aligned}
$$

Zieht man von beiden Seiten 99,4 ab, so erhält man die Darstellung mittels Nettowertfunktion:

$$\frac{2}{\left(1+i_{e(p.a.)}\cdot 0{,}2\right)}+\frac{2}{\left(1+\frac{i_{e(p.a.)}}{4}\right)\cdot\left(1+i_{e(p.a.)}\cdot 0{,}2\right)}+\frac{2}{\left(1+\frac{i_{e(p.a.)}}{4}\right)^{2}\cdot\left(1+i_{e(p.a.)}\cdot 0{,}2\right)}+$$

$$+\frac{2}{\left(1+\frac{i_{e(p.a.)}}{4}\right)^{3}\cdot\left(1+i_{e(p.a.)}\cdot 0{,}2\right)}+\frac{2}{\left(1+\frac{i_{e(p.a.)}}{4}\right)^{4}\cdot\left(1+i_{e(p.a.)}\cdot 0{,}2\right)}+\frac{12}{\left(1+\frac{i_{e(p.a.)}}{4}\right)^{5}\cdot\left(1+i_{e(p.a.)}\cdot 0{,}2\right)}+$$

$$+\frac{11{,}8}{\left(1+\frac{i_{e(p.a.)}}{4}\right)^{6}\cdot\left(1+i_{e(p.a.)}\cdot 0{,}2\right)}+\frac{11{,}6}{\left(1+\frac{i_{e(p.a.)}}{4}\right)^{7}\cdot\left(1+i_{e(p.a.)}\cdot 0{,}2\right)}+\frac{11{,}4}{\left(1+\frac{i_{e(p.a.)}}{4}\right)^{8}\cdot\left(1+i_{e(p.a.)}\cdot 0{,}2\right)}+$$

$$+\frac{11{,}2}{\left(1+\frac{i_{e(p.a.)}}{4}\right)^{9}\cdot\left(1+i_{e(p.a.)}\cdot 0{,}2\right)}+\frac{11{,}0}{\left(1+\frac{i_{e(p.a.)}}{4}\right)^{10}\cdot\left(1+i_{e(p.a.)}\cdot 0{,}2\right)}+\frac{10{,}8}{\left(1+\frac{i_{e(p.a.)}}{4}\right)^{11}\cdot\left(1+i_{e(p.a.)}\cdot 0{,}2\right)}+$$

$$+\frac{10{,}6}{\left(1+\frac{i_{e(p.a.)}}{4}\right)^{12}\cdot\left(1+i_{e(p.a.)}\cdot 0{,}2\right)}+\frac{10{,}4}{\left(1+\frac{i_{e(p.a.)}}{4}\right)^{13}\cdot\left(1+i_{e(p.a.)}\cdot 0{,}2\right)}+\frac{10{,}2}{\left(1+\frac{i_{e(p.a.)}}{4}\right)^{14}\cdot\left(1+i_{e(p.a.)}\cdot 0{,}2\right)}-99{,}4=0$$

Durch Einsetzen bekommt man als Nettowert beim unteren Startzinssatz 0,9937008 und als Nettowert beim oberen Startzinssatz - 1,265096. Mittels linearer Interpolation gelangt man zu einem besseren Näherungszinssatz:

$$i_{e(p.a.)}{}^{3}=0{,}08-0{,}9937008\cdot\frac{0{,}09-0{,}08}{-1{,}265096-0{,}9937008}=0{,}0843992$$

Der Nettowert bei diesem neuen Näherungszinssatz ist - 0,0078811. Da der Nettowert negativ ist, ersetzt man den oberen Startzinssatz durch den neuen Näherungszinssatz. Man geht mit den Wertepaaren (0,08/0,9937008) und (0,0843992/-0,0078811) in die nächste Iteration.

$$i_{e(p.a.)}{}^{4}=0{,}08-0{,}9937008\cdot\frac{0{,}0843992-0{,}08}{-0{,}0078811-0{,}9937008}=0{,}0843646$$

Der Nettowert beim Zinssatz von 8,43646 % p. a. ist (nahe genug bei) 0. Die (auf drei Dezimalstellen gerundete) Rendite nach der Amerikanischen Methode beträgt somit 8,436 % p. a.!

Kontrolle: Tabellarische Darstellung der Barwertberechnung:

Die folgende Tabelle zeigt die Barwerte der einzelnen Rückflüsse nach der Amerikanischen Methode unter Verwendung der Amerikanischen Rendite von 8,43646 % p. a.:

	13.5. 1997	13.8. 1997	13.11. 1997	13.2. 1998	13.5. 1998	13.8. 1998	13.11. 1998	13.2. 1999	13.5. 1999	13.8. 1999	13.11. 1999	13.2. 2000	13.5. 2000	13.8. 2000	13.11. 2000	Σ
R	2	2	2	2	2	12	11,8	11,6	11,4	11,2	11,0	10,8	10,6	10,4	10,2	
BW	1,97	1,93	1,89	1,85	1,81	10,63	10,24	9,86	9,49	9,13	8,78	8,44	8,12	7,80	7,49	**99,4**

Der Wert der Anleihe nach der Amerikanischen Methode (berechnet mit der Amerikanischen Rendite) entspricht also genau dem Bruttokurs.

3.2.3.3 Das Vergleichskonto

Zur Kontrolle der berechneten Rendite kann wieder das Vergleichskonto herangezogen werden.

Beim Vergleichskonto nach der Amerikanischen Methode werden - wie bei der Moosmüller-Methode - die Zinsen zu jedem Kupontermin zugeschlagen. Im Unterschied zur Moosmüller-Methode wird allerdings ein Jahreszinssatz zur Zinsberechnung verwendet. Beispiel 23 zeigt die Führung des Vergleichskontos nach der Amerikanischen Methode für die Anleihe „XYZ“:

BEISPIEL 23: Vergleichskonto nach der Amerikanischen Methode

Führt man für die Anleihe „XYZ" am 1. 3. 1997 ein Vergleichskonto nach der Amerikanischen Methode unter Verwendung der Amerikanischen Rendite, so erhält man das folgende Konto:

Zeitpunkt	Text	Sollzinsen Vergleichs-konto	Zahlung aus der Anleihe	Saldo Vergleichs-konto
01.03.1997	fiktive Kreditaufnahme		- 99,40	-99,40
13.05.1997	Verzinsung, Rückfluß	-1,68	2,00	-99,08
13.08.1997	Verzinsung, Rückfluß	-2,09	2,00	-99,17
13.11.1997	Verzinsung, Rückfluß	-2,09	2,00	-99,26
13.02.1998	Verzinsung, Rückfluß	-2,09	2,00	-99,35
13.05.1998	Verzinsung, Rückfluß	-2,10	2,00	-99,45
13.08.1998	Verzinsung, Rückfluß	-2,10	12,00	-89,54
13.11.1998	Verzinsung, Rückfluß	-1,89	11,80	-79,63
13.02.1999	Verzinsung, Rückfluß	-1,68	11,60	-69,71
13.05.1999	Verzinsung, Rückfluß	-1,47	11,40	-59,78
13.08.1999	Verzinsung, Rückfluß	-1,26	11,20	-49,84
13.11.1999	Verzinsung, Rückfluß	-1,05	11,00	-39,90
13.02.2000	Verzinsung, Rückfluß	-0,84	10,80	-29,94
13.05.2000	Verzinsung, Rückfluß	-0,63	10,60	-19,97
13.08.2000	Verzinsung, Rückfluß	-0,42	10,40	- 9,99
13.11.2000	Verzinsung, Rückfluß	-0,21	10,20	**0,00**

Ergänzende Kommentare:

1) Sollzinsen beim Vergleichskonto

Die Sollzinsen werden gemäß der Zinsformel bei linearer Verzinsung berechnet. Als Anfangskapital verwendet man den Saldo der Vorperiode, als Zinssatz die Jahresrendite und als Verzinsungsdauer die entsprechende Zeitdifferenz in Jahren (0,2 Jahre vom 1. 3. 1997 bis zum 13. 5. 1997 bzw. 0,25 Jahre zwischen zwei aufeinander folgenden Kuponterminen).

Die Sollzinsen für den 13. 5. 1997 und den 13. 8. 1997 erhält man durch folgende Rechnungen:

$-99,40 \cdot 0,0843646 \cdot 0,20 = -1,68$

$-99,08 \cdot 0,0843646 \cdot 0,25 = -2,09$

2) Zahlungen aus der Anleihe

Diese Spalte enthält wieder Bruttokurs und Rückflüsse aus der Anleihe.

3) Saldo des Vergleichskontos

Der Saldo des Vergleichskontos ergibt sich wieder aus dem Saldo des Vergleichskontos der Vorperiode abzüglich Sollzinsen plus Zahlung aus der Anleihe. Als Beispiele dienen der 13. 5. 1997 und der 13. 8. 1997:

$-99,40 - 1,68 + 2,00 = -99,08$

$-99,08 - 2,09 + 2,00 = -99,17$

Der Saldo am Ende der Anleihenlaufzeit ist natürlich wieder 0.

3.2.3.4 Kritische Würdigung

Ein Vorteil der Amerikanischen Methode besteht darin, daß (im Gegensatz zu den beiden noch folgenden Methoden) die **Zinszuschlagstermine** beim Vergleichskonto **nicht willkürlich** gewählt, sondern mit den Kuponterminen der Anleihe zusammengelegt werden. Die Amerikanische Rendite kann daher nicht durch Annahmen über den Zinszuschlagstermin verzerrt werden.

Ein weiterer Vorteil dieser Methode liegt darin, daß die Amerikanische Rendite eine relativ **einfache Struktur** aufweist und daher **leicht zu berechnen und zu kontrollieren** ist.

Ein geringfügiger Vorteil ist auch darin zu sehen, daß direkt mit einer Jahresrendite gerechnet wird, wodurch die **Umrechnung einer Periodenrendite in eine Jahresrendite entfällt**.

Als Argument für die Amerikanische Methode wird oft vorgebracht, daß die **lineare Stückzinsenberechnung in der Praxis** durch die lineare Abzinsung vom ersten Kupontermin bis zum Bewertungsstichtag berücksichtigt werde. Dies erklärt jedoch erstens noch nicht, warum auch zwischen den anderen Kuponterminen jeweils linear abgezinst wird. Zweitens gilt der bei den vorangegangenen Methoden vorgebrachte Gegeneinwand: Es sollte eher die Stückzinsenberechnung in der Praxis exponentiell erfolgen, anstatt die Ungenauigkeit der linearen Stückzinsenberechnung durch die Renditemethode nachzuvollziehen.

Die kleinen Vorteile der Amerikanischen Methode werden durch eine Reihe von Nachteilen mehr als kompensiert:

Der größte dieser Nachteile ist die schon angesprochene **einheitlich lineare Verzinsung** zwischen den Kuponterminen. Durch diese Form der Verzinsung wird (bei Anleihen mit mehreren Kuponterminen pro Jahr) der Zinseszinseffekt vernachlässigt.

Ein besonders seltsames Phänomen ergibt sich aus der Tatsache, daß nur zu Zeitpunkten, zu denen ein Rückfluß erfolgt, auch beim Vergleichskonto Zinsen zugeschlagen werden. Würde man die Amerikanische Methode nämlich auf Nullkuponanleihen anwenden, so hätte das folgende Auswirkung: Da nur zu zwei Zeitpunkten (beim Kauf und bei der Tilgung) Zahlungen anfallen, müßte man den Tilgungserlös direkt **über die gesamte Restlaufzeit linear** zum Bewertungsstichtag **abzinsen**. Diese Vorgangsweise ist natürlich absolut unrealistisch.

Außerdem wird auch an dieser Methode (wie an jener nach Moosmüller) kritisiert, daß ein **Portefeuille** von zwei Anleihen mit gleicher Amerikanischer Rendite nicht notwendigerweise die gleiche Amerikanische Rendite wie die einzelnen Anleihen hat.

Aufgrund dieser Nachteile ist die Amerikanische Methode **nicht sehr weit verbreitet**. Ihre Verwendung trägt somit auch **nicht** zur **Vereinheitlichung** der Renditeberechnung bei.

3.2.4 Die Braeß/Fangmeyer-Methode

Wie die Moosmüller-Methode wird auch die Methode nach Braeß/Fangmeyer nur in Deutschland verwendet - und zwar vor allem von Sparkassen, Landesbanken, den Handelsbüros der Bundesbank und der Landeszentralbanken sowie der Großindustrie.

3.2.4.1 Das Prinzip

Die Braeß/Fangmeyer-Methode rechnet mit einem **Jahreszinssatz**. Als **Vergleichskonto** dient ein **Konto mit jährlichem Zinszuschlag**, wobei als **Zinszuschlagstermine** die **Hauptfälligkeitstermine** der Anleihe angenommen werden. Im Gegensatz zu den bisher beschriebenen Methoden werden die Zinszuschlagstermine also willkürlich festgelegt.

Die Tatsache, daß die Zinszuschlagstermine des Vergleichskontos an die Hauptfälligkeitstermine der Anleihe gelegt werden, impliziert, daß der erste Zinszuschlag nach Ablauf der gebrochenen Restlaufzeit in Jahren erfolgt. Danach werden Zinsen in Jahresabständen zugeschlagen. Die gebrochene Restlaufzeit in Jahren wird somit an den Beginn der gesamten Restlaufzeit gelegt.

Im Rahmen der **Barwertermittlung** bedeutet dies folgendes:

Die Rückflüsse zu den Hauptfälligkeitsterminen fallen bereits zu einem Zinszuschlagstermin an. Für diese Rückflüsse ist daher keine Aufzinsung mehr erforderlich. Die Rückflüsse zu den Nebenfälligkeitsterminen werden zunächst linear bis zum nächsten Hauptfälligkeitstermin aufgezinst.

Von den einzelnen Hauptfälligkeitsterminen werden die Rückflüsse dann stufenweise an den Beginn der ganzzahligen Restlaufzeit in Jahren abgezinst. Da die Verzinsungsdauer jeweils ein Jahr (bei dieser Methode identisch mit einer Zinsperiode) beträgt, entspricht dies einer exponentiellen Abzinsung. Vom Beginn der ganzzahligen Restlaufzeit in Jahren werden sie dann weiter linear bis zum Bewertungsstichtag abgezinst.

Dies läßt sich für die Anleihe „XYZ“ anhand von Abbildung 12 zeigen:

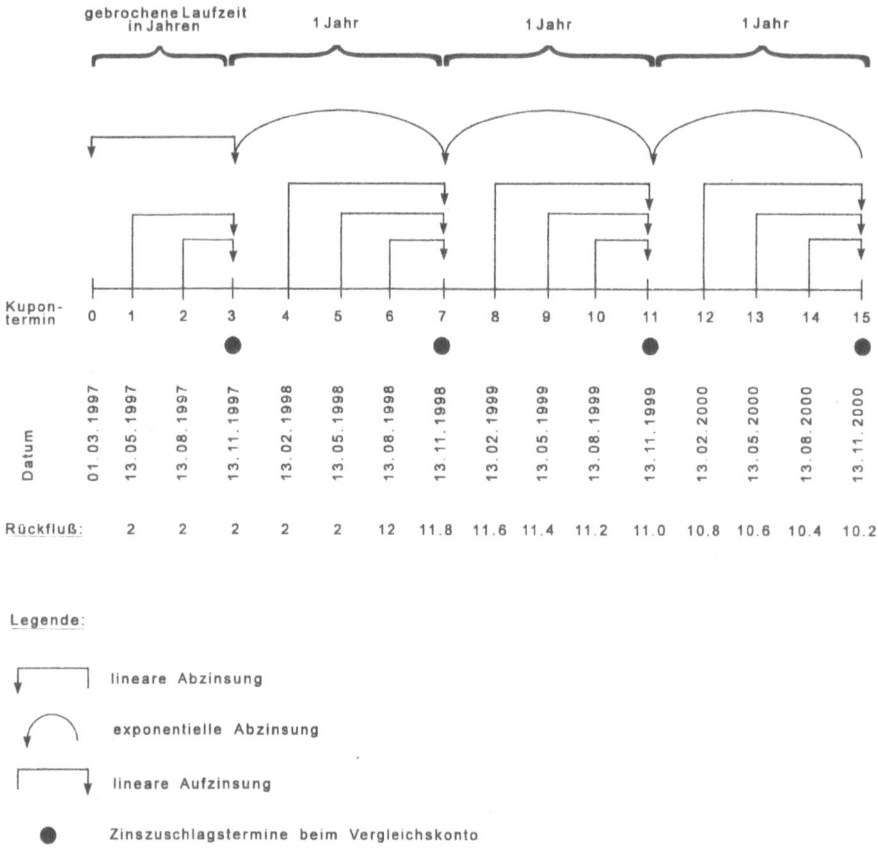

Abbildung 12: Abzinsung der Rückflüsse nach der Braeß/Fangmeyer-Methode

3.2.4.2 Die Renditegleichung

Bei der Herleitung der Renditegleichung wird zwischen der gebrochenen Restlaufzeit in Jahren und der ganzzahligen Restlaufzeit in Jahren getrennt.

3.2.4.2.1 Gebrochene Restlaufzeit in Jahren

Bei der Analyse der gebrochenen Restlaufzeit in Jahren geht man von einem beliebigen **Kupontermin y** aus, der natürlich nicht nach dem ersten Hauptfälligkeitstermin (= Kupontermin mit der Nummer z) liegen darf. Dies bedeutet folgende formale Einschränkung für y:

$$1 \leq y \leq z$$

1) Der **Rückfluß zum Kupontermin y** läßt sich berechnen, indem man in die Formel für den Rückfluß zum Kupontermin t (Kapitel 3.1.2) anstelle von t die Variable y einsetzt:

$$\left(1-\sum_{x=1}^{y-1}\frac{T_x}{100}\right)\cdot\frac{p}{m}+T_y\cdot\frac{TK_y}{100}$$

2) Der (in Kuponperioden ausgedrückte) **Zeitraum vom Kupontermin y bis zum ersten Hauptfälligkeitstermin** (= Kupontermin mit der Nummer z) ist:

$$z-y$$

3) Da mit einem Jahreszinssatz gerechnet wird, ist dieser Zeitraum **in Jahre umzurechnen**:

$$\frac{z-y}{m}$$

4) Nun muß man den **Rückfluß** vom Kupontermin y bis **zum ersten Hauptfälligkeitstermin** linear **aufzinsen**. Der Aufzinsungszeitraum entspricht dem in Schritt 3 hergeleiteten Zeitraum:

$$\left[\left(1-\sum_{x=1}^{y-1}\frac{T_x}{100}\right)\cdot\frac{p}{m}+T_y\cdot\frac{TK_y}{100}\right]\cdot\left(1+i_{e(p.a.)}\cdot\frac{z-y}{m}\right)$$

5) Anschließend ist dieser **Rückfluß** linear **vom ersten Hauptfälligkeitstermin** bis **zum Bewertungsstichtag abzuzinsen**. Da der Bewertungsstichtag den Anfang der gebrochenen Restlaufzeit in Jahren darstellt und der erste Hauptfälligkeitstermin dem Ende der gebrochenen Restlaufzeit in Jahren entspricht, ist die (in Jahren ausgedrückte) Abzinsungsdauer identisch mit der gebrochenen Restlaufzeit in Jahren ($gebrLZ_J$):

$$\frac{\left[\left(1-\sum_{x=1}^{y-1}\frac{T_x}{100}\right)\cdot\frac{p}{m}+T_y\cdot\frac{TK_y}{100}\right]\cdot\left(1+i_{e(p.a.)}\cdot\frac{z-y}{m}\right)}{1+i_{e(p.a.)}\cdot gebrLZ_J}$$

BEISPIEL 24: Abzinsung eines Rückflusses innerhalb der gebrochenen Restlaufzeit in Jahren nach der Braeß/Fangmeyer-Methode

Es ist zu analysieren, wie nach der Braeß/Fangmeyer-Methode der Rückfluß aus der Anleihe „XYZ" vom 13. 8. 1997 mit der (noch zu bestimmenden) Braeß/Fangmeyer-Rendite zum Bewertungsstichtag 1. 3. 1997 abgezinst wird.

Lösung:

Der 13. 8. 1997 ist der zweite Kupontermin innerhalb der gebrochenen Restlaufzeit in Jahren. Wie aus Beispiel 13 ersichtlich ist, beträgt der Rückfluß zu diesem Kupontermin 2.

Der erste Schritt ist die lineare Aufzinsung dieses Rückflusses vom 13. 8. 1997 bis zum 13. 11. 1997 (erster Hauptfälligkeitstermin). Dieser Zeitraum umfaßt genau eine Kuponperiode. In Jahren ausgedrückt sind das (1/4 =) 0,25 Jahre:

$$2\cdot\left(1+i_{e(p.a.)}\cdot 0{,}25\right)$$

Anschließend wird der zum 13. 11. 1997 aufgezinste Rückfluß bis zum 1. 3. 1997 linear abgezinst. Die Abzinsungsdauer entspricht der gebrochenen Restlaufzeit in Jahren (0,7 Jahre):

$$\frac{2 \cdot \left(1 + i_{e(p.a.)} \cdot 0{,}25\right)}{1 + i_{e(p.a.)} \cdot 0{,}7}$$

Dieser Bruch stellt also genau den Barwert des Rückflusses vom 13. 8. 1997 dar.

---

6) Die ersten fünf Schritte sind **für sämtliche Kupontermine innerhalb der gebrochenen Restlaufzeit in Jahren** durchzuführen, und es ist die Summe zu bilden. Die Untergrenze dieser Summe ist 1, da der erste Kupontermin der erste Summand ist. Die Obergrenze ist die Nummer des ersten Hauptfälligkeitstermines (also z), da dieser Kupontermin als letzter in die Summe miteinbezogen wird:

$$\sum_{y=1}^{z} \frac{\left[\left(1 - \sum_{x=1}^{y-1} \frac{T_x}{100}\right) \cdot \frac{p}{m} + T_y \cdot \frac{TK_y}{100}\right] \cdot \left(1 + i_{e(p.a.)} \cdot \frac{z-y}{m}\right)}{1 + i_{e(p.a.)} \cdot gebrLZ_J}$$

3.2.4.2.2 Ganzzahlige Restlaufzeit in Jahren

Bei der Analyse der ganzzahligen Restlaufzeit in Jahren (Analyse der Folgejahre) betrachtet man zunächst den **Kupontermin y im (Folge-)Jahr t der ganzzahligen Restlaufzeit in Jahren.** Dabei gelten folgende Einschränkungen:

$$1 \leq y \leq m$$
$$1 \leq t \leq Jahre_{ab}$$

Vor der eigentlichen Analyse stellt sich die Frage, welche Nummer (innerhalb der gesamten Restlaufzeit) der Kupontermin y im Folgejahr t besitzt. Dazu muß man berücksichtigen, daß im Bereich der gebrochenen Restlaufzeit in Jahren z Kupontermine liegen. In den (t-1) Folgejahren vor dem Folgejahr t gibt es jeweils m Kupontermine, d. h. insgesamt (t-1)•m Kupontermine. Im Folgejahr t selbst handelt es sich um den y. Kupontermin. Addiert man diese drei Komponenten, so erhält man die Nummer von Kupontermin y im Folgejahr t:

$$z + (t-1) \cdot m + y$$

1) Den **Rückfluß zum Kupontermin y im Folgejahr t** kann man nun leicht berechnen, indem man in die Formel für den Rückfluß zum Kupontermin t (Kapitel 3.1.2) anstelle von t den Ausdruck z+(t-1)•m+y einsetzt:

$$\left(1-\sum_{x=1}^{z+(t-1)\cdot m+y-1}\frac{T_x}{100}\right)\cdot\frac{p}{m}+T_{z+(t-1)\cdot m+y}\cdot\frac{TK_{z+(t-1)\cdot m+y}}{100}$$

2) Die **Zeitdifferenz vom Kupontermin y bis zum Hauptfälligkeitstermin (= Kupontermin m) im Folgejahr t** beträgt (ausgedrückt in Kuponperioden)

$$m-y$$

3) Da mit einem Jahreszinssatz gerechnet wird, muß man diese Zeitdifferenz **in Jahre umrechnen**:

$$\frac{m-y}{m}$$

4) Der **Rückfluß** zum Kupontermin y im Folgejahr t ist anschließend linear bis **zum Hauptfälligkeitstermin im Folgejahr t aufzuzinsen**. Die in Jahren ausgedrückte Aufzinsungsdauer entspricht dem Zeitraum aus Schritt 3:

$$\left[\left(1-\sum_{x=1}^{z+(t-1)\cdot m+y-1}\frac{T_x}{100}\right)\cdot\frac{p}{m}+T_{z+(t-1)\cdot m+y}\cdot\frac{TK_{z+(t-1)\cdot m+y}}{100}\right]\cdot\left(1+i_{e(p.a.)}\cdot\frac{m-y}{m}\right)$$

5) Danach **zinst** man diesen aufgezinsten Rückfluß **exponentiell** vom Hauptfälligkeitstermin des Folgejahres t **zum Beginn der ganzzahligen Restlaufzeit in Jahren ab**. Der Beginn der ganzzahligen Restlaufzeit in Jahren ist der Bewertungsstichtag, wenn die Anleihe zu einem Hauptfälligkeitstermin bewertet wird. In allen anderen Fällen ist es der erste Hauptfälligkeitstermin der gesamten Restlaufzeit. Diesen Beginn der ganzzahligen Restlaufzeit in Jahren kann man als Hauptfälligkeitstermin des Folgejahres 0 interpretieren. Die Abzinsungsdauer umfaßt daher t Jahre. Der **Wert des Rückflusses, bezogen auf den Beginn der ganzzahligen Restlaufzeit in Jahren,** beträgt:

$$\frac{\left[\left(1-\sum_{x=1}^{z+(t-1)\cdot m+y-1}\frac{T_x}{100}\right)\cdot\frac{p}{m}+T_{z+(t-1)\cdot m+y}\cdot\frac{TK_{z+(t-1)\cdot m+y}}{100}\right]\cdot\left(1+i_{e(p.a.)}\cdot\frac{m-y}{m}\right)}{\left(1+i_{e(p.a.)}\right)^t}$$

6) Diesen zum Beginn der ganzahligen Restlaufzeit in Jahren abgezinsten Rückfluß muß man in einem nächsten Schritt weiter **linear** vom Beginn der ganzzahligen Restlaufzeit in Jahren (= Ende der gebrochenen Restlaufzeit in Jahren) **zum Bewertungsstichtag abzinsen**. Die in Jahren ausgedrückte Abzinsungsdauer ist die gebrochene Restlaufzeit in Jahren:

$$\frac{\left[\left(1-\sum_{x=1}^{z+(t-1)\cdot m+y-1}\frac{T_x}{100}\right)\cdot\frac{p}{m}+T_{z+(t-1)\cdot m+y}\cdot\frac{TK_{z+(t-1)\cdot m+y}}{100}\right]\cdot\left(1+i_{e(p.a.)}\cdot\frac{m-y}{m}\right)}{\left(1+i_{e(p.a.)}\right)^t\cdot\left(1+i_{e(p.a.)}\cdot gebrLZ_J\right)}$$

BEISPIEL 25: Abzinsung eines Rückflusses innerhalb der ganzzahligen Restlaufzeit in Jahren nach der Braeß/Fangmeyer-Methode

Es ist zu zeigen, wie nach der Braeß/Fangmeyer-Methode der Rückfluß aus der Anleihe „XYZ“ am 13. 2. 2000 mit der (noch zu berechnenden) Braeß/Fangmeyer-Rendite zum Bewertungsstichtag 1. 3. 1997 abgezinst wird.

Lösung:

Der 13. 2. 2000 ist der erste Kupontermin im dritten Folgejahr. Zu diesem Kupontermin erhält der Investor einen Rückfluß von 10,8 (vgl. Beispiel 13).

Dieser Rückfluß muß nun linear vom 13. 2. 2000 bis zum 13. 11. 2000 (Hauptfälligkeitstermin des dritten Folgejahres) aufgezinst werden. Dieser Zeitraum umfaßt drei Kuponperioden (Quartale). Rechnet man diese Zeitspanne in Jahre um, so ergibt das (3/4 =) 0,75 Jahre:

$$10{,}8\cdot(1+i_{e(p.a.)}\cdot 0{,}75)$$

Der zum 13. 11. 2000 aufgezinste Rückfluß ist nun exponentiell zum 13. 11. 1997 (Beginn der ganzzahligen Restlaufzeit in Jahren) abzuzinsen. Der Abzinsungszeitraum beträgt drei Jahre:

$$\frac{10{,}8 \cdot \left(1 + i_{e(p.a.)} \cdot 0{,}75\right)}{\left(1 + i_{e(p.a.)}\right)^3}$$

Der Rückfluß wird dann weiter linear bis zum 1. 3. 1997 abgezinst. Die Abzinsungsdauer entspricht der gebrochenen Restlaufzeit in Jahren. Diese beträgt (wie aus Beispiel 8 bekannt) 0,7 Jahre:

$$\frac{10{,}8 \cdot \left(1 + i_{e(p.a.)} \cdot 0{,}75\right)}{\left(1 + i_{e(p.a.)}\right)^3 \cdot \left(1 + i_{e(p.a.)} \cdot 0{,}7\right)}$$

---

7) Die ersten sechs Schritte sind **für alle m Kupontermine des Folgejahres t** vorzunehmen, und die Barwerte der Rückflüsse sind zu addieren. Die Summenuntergrenze ist 1, da mit dem ersten Kupontermin in diesem Folgejahr begonnen wird. Die Obergrenze entspricht der Anzahl der Kupontermine pro Jahr, also m:

$$\sum_{y=1}^{m} \frac{\left[\left(1 - \sum_{x=1}^{z+(t-1)\cdot m+y-1} \frac{T_x}{100}\right) \cdot \frac{p}{m} + T_{z+(t-1)\cdot m+y} \cdot \frac{TK_{z+(t-1)\cdot m+y}}{100}\right] \cdot \left(1 + i_{e(p.a.)} \cdot \frac{m-y}{m}\right)}{\left(1 + i_{e(p.a.)}\right)^t \cdot \left(1 + i_{e(p.a.)} \cdot gebrLZ_J\right)}$$

Dies ist der **Wert aller innerhalb des Folgejahres t anfallenden Rückflüsse, bezogen auf den Bewertungsstichtag**.

8) Die Schritte 1 bis 7 sind selbstverständlich nicht nur für das Folgejahr t, sondern **für sämtliche Folgejahre** durchzuführen. Die Barwertsummen aller Folgejahre müssen dann addiert werden. Die Summenuntergrenze ist 1, weil vom ersten Folgejahr an aufsummiert wird. Die Summenobergrenze ist die

Variable Jahre_{ab}, da die Nummer des letzten Folgejahres exakt der ganzzahligen Restlaufzeit in Jahren entspricht:

$$\sum_{t=1}^{\text{Jahre}_{ab}} \sum_{y=1}^{m} \frac{\left[\left(1-\sum_{x=1}^{z+(t-1)\cdot m+y-1} \frac{T_x}{100}\right)\cdot \frac{p}{m} + T_{z+(t-1)\cdot m+y} \cdot \frac{TK_{z+(t-1)\cdot m+y}}{100}\right]\cdot\left(1+i_{e(p.a.)}\cdot\frac{m-y}{m}\right)}{\left(1+i_{e(p.a.)}\right)^t \cdot \left(1+i_{e(p.a.)}\cdot \text{gebrLZ}_J\right)}$$

3.2.4.2.3 Zusammenführung

Addiert man die Komponenten für den gebrochenen und den ganzzahligen Restlaufzeitbereich, so erhält man den Barwert sämtlicher Rückflüsse aus der Anleihe. Dieser muß mit dem Bruttokurs $P_{0,B}$ gleichgesetzt werden, um die **Renditegleichung** zu bekommen:

$$P_{0,B} = \sum_{y=1}^{z} \frac{\left[\left(1-\sum_{x=1}^{y-1} \frac{T_x}{100}\right)\cdot \frac{p}{m} + T_y \cdot \frac{TK_y}{100}\right]\cdot\left(1+i_{e(p.a.)}\cdot\frac{z-y}{m}\right)}{1+i_{e(p.a.)}\cdot \text{gebrLZ}_J}$$

$$+\sum_{t=1}^{\text{Jahre}_{ab}} \sum_{y=1}^{m} \frac{\left[\left(1-\sum_{x=1}^{z+(t-1)\cdot m+y-1} \frac{T_x}{100}\right)\cdot \frac{p}{m} + T_{z+(t-1)\cdot m+y} \cdot \frac{TK_{z+(t-1)\cdot m+y}}{100}\right]\cdot\left(1+i_{e(p.a.)}\cdot\frac{m-y}{m}\right)}{\left(1+i_{e(p.a.)}\right)^t \cdot \left(1+i_{e(p.a.)}\cdot \text{gebrLZ}_J\right)}$$

Die **iterative Lösung** dieser Gleichung führt automatisch zur Jahresrendite $i_{e(p.a.)}$. Es ist also keine Umrechnung mehr erforderlich.

BEISPIEL 26: Renditeberechnung nach der Braeß/Fangmeyer-Methode

Es ist die Rendite der Anleihe „XYZ“ am 1. 3. 1997 nach der Braeß/Fangmeyer-Methode zu berechnen. Als Startzinssätze verwendet man 8 % und 9 % p. a.!

<u>Lösung:</u>

Der erste Schritt besteht (wie bei den anderen Methoden) in der Aufstellung der Renditegleichung für diese Anleihe. Die Gleichung für die Anleihe „XYZ“ nach der Braeß/Fangmeyer-Methode läßt sich am einfachsten herleiten, wenn man von Beispiel 13, Abbildung 12 und der hergeleiteten Renditegleichung ausgeht. Man gelangt zu folgender Gleichung:

$$
\begin{aligned}
99{,}4 = {} & \frac{2\cdot\left(1+i_{e(p.a.)}\cdot 0{,}5\right)}{\left(1+i_{e(p.a.)}\cdot 0{,}7\right)}+\frac{2\cdot\left(1+i_{e(p.a.)}\cdot 0{,}25\right)}{\left(1+i_{e(p.a.)}\cdot 0{,}7\right)}+\frac{2}{\left(1+i_{e(p.a.)}\cdot 0{,}7\right)}+\\
&+\frac{2\cdot\left(1+i_{e(p.a.)}\cdot 0{,}75\right)}{\left(1+i_{e(p.a.)}\right)\cdot\left(1+i_{e(p.a.)}\cdot 0{,}7\right)}+\frac{2\cdot\left(1+i_{e(p.a.)}\cdot 0{,}5\right)}{\left(1+i_{e(p.a.)}\right)\cdot\left(1+i_{e(p.a.)}\cdot 0{,}7\right)}+\frac{12\cdot\left(1+i_{e(p.a.)}\cdot 0{,}25\right)}{\left(1+i_{e(p.a.)}\right)\cdot\left(1+i_{e(p.a.)}\cdot 0{,}7\right)}+\\
&+\frac{11{,}8}{\left(1+i_{e(p.a.)}\right)\cdot\left(1+i_{e(p.a.)}\cdot 0{,}7\right)}+\frac{11{,}6\cdot\left(1+i_{e(p.a.)}\cdot 0{,}75\right)}{\left(1+i_{e(p.a.)}\right)^2\cdot\left(1+i_{e(p.a.)}\cdot 0{,}7\right)}+\frac{11{,}4\cdot\left(1+i_{e(p.a.)}\cdot 0{,}5\right)}{\left(1+i_{e(p.a.)}\right)^2\cdot\left(1+i_{e(p.a.)}\cdot 0{,}7\right)}+\\
&+\frac{11{,}2\cdot\left(1+i_{e(p.a.)}\cdot 0{,}25\right)}{\left(1+i_{e(p.a.)}\right)^2\cdot\left(1+i_{e(p.a.)}\cdot 0{,}7\right)}+\frac{11{,}0}{\left(1+i_{e(p.a.)}\right)^2\cdot\left(1+i_{e(p.a.)}\cdot 0{,}7\right)}+\frac{10{,}8\cdot\left(1+i_{e(p.a.)}\cdot 0{,}75\right)}{\left(1+i_{e(p.a.)}\right)^3\cdot\left(1+i_{e(p.a.)}\cdot 0{,}7\right)}+\\
&+\frac{10{,}6\cdot\left(1+i_{e(p.a.)}\cdot 0{,}5\right)}{\left(1+i_{e(p.a.)}\right)^3\cdot\left(1+i_{e(p.a.)}\cdot 0{,}7\right)}+\frac{10{,}4\cdot\left(1+i_{e(p.a.)}\cdot 0{,}25\right)}{\left(1+i_{e(p.a.)}\right)^3\cdot\left(1+i_{e(p.a.)}\cdot 0{,}7\right)}+\frac{10{,}2}{\left(1+i_{e(p.a.)}\right)^3\cdot\left(1+i_{e(p.a.)}\cdot 0{,}7\right)}
\end{aligned}
$$

Auch die folgenden Schritte sind bereits von den vorangegangenen Renditemethoden bekannt. Zunächst ist auf beiden Seiten der Gleichung der Bruttokurs in Höhe von 99,4 zu subtrahieren. Durch diese Operation erhält man auf einer Seite die Nettowertfunktion und auf der anderen Seite 0:

$$\frac{2\cdot\left(1+i_{e(p.a.)}\cdot 0{,}5\right)}{\left(1+i_{e(p.a.)}\cdot 0{,}7\right)}+\frac{2\cdot\left(1+i_{e(p.a.)}\cdot 0{,}25\right)}{\left(1+i_{e(p.a.)}\cdot 0{,}7\right)}+\frac{2}{\left(1+i_{e(p.a.)}\cdot 0{,}7\right)}+$$

$$+\frac{2\cdot\left(1+i_{e(p.a.)}\cdot 0{,}75\right)}{\left(1+i_{e(p.a.)}\right)\cdot\left(1+i_{e(p.a.)}\cdot 0{,}7\right)}+\frac{2\cdot\left(1+i_{e(p.a.)}\cdot 0{,}5\right)}{\left(1+i_{e(p.a.)}\right)\cdot\left(1+i_{e(p.a.)}\cdot 0{,}7\right)}+\frac{12\cdot\left(1+i_{e(p.a.)}\cdot 0{,}25\right)}{\left(1+i_{e(p.a.)}\right)\cdot\left(1+i_{e(p.a.)}\cdot 0{,}7\right)}+$$

$$+\frac{11{,}8}{\left(1+i_{e(p.a.)}\right)\cdot\left(1+i_{e(p.a.)}\cdot 0{,}7\right)}+\frac{11{,}6\cdot\left(1+i_{e(p.a.)}\cdot 0{,}75\right)}{\left(1+i_{e(p.a.)}\right)^2\cdot\left(1+i_{e(p.a.)}\cdot 0{,}7\right)}+\frac{11{,}4\cdot\left(1+i_{e(p.a.)}\cdot 0{,}5\right)}{\left(1+i_{e(p.a.)}\right)^2\cdot\left(1+i_{e(p.a.)}\cdot 0{,}7\right)}+$$

$$+\frac{11{,}2\cdot\left(1+i_{e(p.a.)}\cdot 0{,}25\right)}{\left(1+i_{e(p.a.)}\right)^2\cdot\left(1+i_{e(p.a.)}\cdot 0{,}7\right)}+\frac{11{,}0}{\left(1+i_{e(p.a.)}\right)^2\cdot\left(1+i_{e(p.a.)}\cdot 0{,}7\right)}+\frac{10{,}8\cdot\left(1+i_{e(p.a.)}\cdot 0{,}75\right)}{\left(1+i_{e(p.a.)}\right)^3\cdot\left(1+i_{e(p.a.)}\cdot 0{,}7\right)}+$$

$$+\frac{10{,}6\cdot\left(1+i_{e(p.a.)}\cdot 0{,}5\right)}{\left(1+i_{e(p.a.)}\right)^3\cdot\left(1+i_{e(p.a.)}\cdot 0{,}7\right)}+\frac{10{,}4\cdot\left(1+i_{e(p.a.)}\cdot 0{,}25\right)}{\left(1+i_{e(p.a.)}\right)^3\cdot\left(1+i_{e(p.a.)}\cdot 0{,}7\right)}+\frac{10{,}2}{\left(1+i_{e(p.a.)}\right)^3\cdot\left(1+i_{e(p.a.)}\cdot 0{,}7\right)}-99{,}4=0$$

Der Nettowert beim Startzinssatz von 8 % ist 1,5058906; jener bei 9 % beträgt - 0,6377965. Durch Interpolation bekommt man einen besseren Näherungswert:

$$i_{e(p.a.)}{}^{3}=0{,}08-1{,}5058906\cdot\frac{0{,}09-0{,}08}{-0{,}6377965-1{,}5058906}=0{,}0870248$$

Der Nettowert bei diesem besseren Näherungszinssatz beträgt - 0,0074804. Da das Vorzeichen negativ ist, ersetzt man den oberen Startzinssatz durch diesen Näherungszinssatz. Mit den beiden Wertepaaren (0,08/1,5058906) und (0,0870248/-0,0074804) geht man in die nächste Iteration:

$$i_{e(p.a.)}{}^{4}=0{,}08-1{,}5058906\cdot\frac{0{,}0870248-0{,}08}{-0{,}0074804-1{,}5058906}=0{,}0869901$$

Der Nettowert beim Zinssatz von 8,69901 % ist (nahe genug bei) 0. Die (auf drei Dezimalstellen gerundete) Rendite nach der Braeß/Fangmeyer-Methode ist somit 8,699 % (p. a.).

Kontrolle: Tabellarische Darstellung der Barwertberechnung:

Die folgende Tabelle zeigt - nach Kuponterminen aufgespalten - die indirekte Abzinsung der Rückflüsse nach der Braeß/Fangmeyer-Methode mit der Braeß/Fangmeyer-Rendite in Höhe von 8,69901 % (p. a.). Die erste Zeile enthält das Datum des Kupontermines, die zweite Zeile den Rückfluß, die dritte Zeile den Wert des Rückflusses, bezogen auf den nächsten Hauptfälligkeitstermin, und die vierte Zeile den Barwert des Rückflusses, bezogen auf den 1. 3. 1997:

	13.5. 1997	13.8. 1997	13.11. 1997	13.2. 1998	13.5. 1998	13.8. 1998	13.11. 1998	13.2. 1999	13.5. 1999	13.8. 1999	13.11. 1999	13.2. 2000	13.5. 2000	13.8. 2000	13.11. 2000	Σ
R	2	2	2	2	2	12	11,8	11,6	11,4	11,2	11,0	10,8	10,6	10,4	10,2	
W_{HFT}	2,09	2,04	2,00	2,13	2,09	12,26	11,80	12,36	11,90	11,44	11,00	11,51	11,06	10,63	10,2	
BW	1,97	1,93	1,89	1,85	1,81	10,63	10,23	9,86	9,49	9,13	8,78	8,44	8,12	7,80	7,49	**99,4**

Der Wert der Anleihe nach der Braeß/Fangmeyer-Methode (berechnet mit der Braeß/Fangmeyer-Rendite) entspricht also dem Bruttokurs in Höhe von 99,4.

3.2.4.3 Das Vergleichskonto

Wie zu Beginn der Braeß/Fangmeyer-Methode beschrieben, werden beim Vergleichskonto die Sollzinsen einmal jährlich (und zwar zu den Hauptfälligkeitsterminen der Anleihe) zugeschlagen. Beispiel 27 veranschaulicht die Vergleichskontoführung nach der Braeß/Fangmeyer-Methode für die Anleihe „XYZ":

BEISPIEL 27: Vergleichskonto nach der Braeß/Fangmeyer-Methode

Erstellt man für die Anleihe „XYZ" am 1. 3. 1997 ein Vergleichskonto nach der Braeß/Fangmeyer-Methode unter Verwendung der Braeß/Fangmeyer-Rendite, so erhält man folgendes Konto:

Zeitpunkt	Text	Sollzinsen Vergleichs-konto	Zahlung aus der Anleihe	Saldo Vergleichs-konto
01.03.1997	fiktive Kreditaufnahme		- 99,40	-99,40
13.05.1997	Rückfluß		2,00	-97,40
13.08.1997	Rückfluß		2,00	-95,40
13.11.1997	Verzinsung, Rückfluß	-5,92	2,00	-99,32
13.02.1998	Rückfluß		2,00	-97,32
13.05.1998	Rückfluß		2,00	-95,32
13.08.1998	Rückfluß		12,00	-83,32
13.11.1998	Verzinsung, Rückfluß	-8,16	11,80	-79,68
13.02.1999	Rückfluß		11,60	-68,08
13.05.1999	Rückfluß		11,40	-56,68
13.08.1999	Rückfluß		11,20	-45,48
13.11.1999	Verzinsung, Rückfluß	-5,44	11,00	-39,92
13.02.2000	Rückfluß		10,80	-29,12
13.05.2000	Rückfluß		10,60	-18,52
13.08.2000	Rückfluß		10,40	- 8,12
13.11.2000	Verzinsung, Rückfluß	-2,08	10,20	**0,00**

Ergänzende Kommentare:

1) Sollzinsen beim Vergleichskonto:

Die Sollzinsen werden zu den Hauptfälligkeitsterminen mit der Jahresrendite berechnet. Grundlage für die Zinsberechnung sind die Saldostände des vergangenen Jahres und die entsprechenden Verzinsungsdauern in Jahren (0,2 Jahre vom 1. 3. 1997 bis zum 13. 5. 1997 sowie jeweils 0,25 Jahre zwischen zwei aufeinander folgenden Kuponterminen).

Für den Hauptfälligkeitstermin 13. 11. 1997 lassen sich die Sollzinsen folgendermaßen berechnen:

$$-99{,}40 \cdot 0{,}0869901 \cdot 0{,}20 - 97{,}40 \cdot 0{,}0869901 \cdot 0{,}25 - 95{,}40 \cdot 0{,}0869901 \cdot 0{,}25 = -5{,}92$$

Die Sollzinsen für den Hauptfälligkeitstermin 13. 11. 1998 werden gemäß folgender Rechnung ermittelt:

$$-99{,}32 \cdot 0{,}0869901 \cdot 0{,}25 - 97{,}32 \cdot 0{,}0869901 \cdot 0{,}25 -$$
$$-95{,}32 \cdot 0{,}0869901 \cdot 0{,}25 - 83{,}32 \cdot 0{,}0869901 \cdot 0{,}25 = -8{,}16$$

2) Zahlungen aus der Anleihe:

Diese Spalte enthält wieder Bruttokurs und Rückflüsse aus der Anleihe.

3) Saldo beim Vergleichskonto:

Der Saldo errechnet sich (wie bei den vorangegangenen Methoden) als Saldo der Vorperiode minus Sollzinsen plus Zahlung aus der Anleihe.

3.2.4.4 Kritische Würdigung

Ein geringfügiger Vorteil dieser Methode besteht darin, daß mit einer Jahresrendite gerechnet wird und daher die **Umrechnung der Periodenrendite in eine Jahresrendite entfällt**.

Als Hauptvorteil der Braeß/Fangmeyer-Methode wird oft genannt, daß sie auch für Laien **einfach zu interpretieren** ist. Aufgrund des jährlichen Zinszuschlages werde das Vergleichskonto nämlich wie ein herkömmliches Bankkonto oder Sparbuch geführt. Bei genauerer Betrachtung dieses Argumentes muß man allerdings feststellen, daß es nur stimmt, wenn die Hauptfälligkeitstermine der Anleihe auf den 31. Dezember fallen. Denn nur dann sind die Zinszuschlagstermine des Vergleichskontos (Hauptfälligkeitstermine) identisch mit den Zinszuschlagsterminen eines herkömmlichen Bankkontos (Kalenderjahresenden).

Eine große Schwäche der Braeß/Fangmeyer-Methode besteht zweifellos in den zahlreichen **linearen Auf- und Abzinsungen**, weil dadurch der Zinseszinseffekt unberücksichtigt bleibt.

Zur Rechtfertigung dieser linearen Verzinsungen wird immer wieder vorgebracht, daß in der **Praxis** die **Stückzinsen linear berechnet** werden und daß diesem Umstand durch eine lineare Abzinsung vom ersten Kupontermin bis zum Bewertungsstichtag Rechnung getragen werden soll. Dieser Einwand ist bei der Braeß/Fangmeyer-Methode jedoch nur sinnvoll, wenn es sich um Anleihen mit jährlicher Verzinsung handelt. Denn nur dann ist jeder Kupontermin auch ein Hauptfälligkeitstermin, weshalb sämtliche Rückflüsse exponentiell zum ersten Kupontermin und vom ersten Kupontermin linear zum Bewertungsstichtag abgezinst werden. Abgesehen davon gelten die bereits bei den vorangegangenen Methoden angeführten Gegeneinwände.

Außerdem ist an der Braeß/Fangmeyer-Methode zu kritisieren, daß die **Zinszuschlagstermine des Vergleichskontos willkürlich gewählt** werden. So gibt es keinen rationalen Grund dafür, daß die Zinsen beim Vergleichskonto gerade zu den einzelnen Hauptfälligkeitsterminen der Anleihe zugeschlagen werden. Genauso gut könnte man jedes andere Datum als Zinszuschlagstermin unterstellen (z. B. den 31. Dezember). Ein und derselbe Strom von Rückflüssen würde dann (je nach Annahme über den Zinszuschlagstermin) unterschiedliche Renditen ergeben.

Ein weiterer Kritikpunkt an der Braeß/Fangmeyer-Methode ist, daß (entgegen jeder Logik) die Braeß/Fangmeyer-Rendite eines **Portefeuilles**, das aus zwei Anleihen mit gleicher Braeß/Fangmeyer-Rendite besteht, von der Rendite der einzelnen Anleihen abweichen kann.

Diese Unschärfen stellen aber für die Herleitung der Renditegleichung nicht einmal eine Vereinfachung dar. Im Gegenteil: Die Renditegleichung bei der Braeß/Fangmeyer-Methode ist sicherlich die **komplizierteste** der vier bisher beschriebenen, weshalb die Rendite nach Braeß/Fangmeyer sehr **schwierig zu berechnen und zu kontrollieren** ist.

Als abschließender Kritikpunkt ist anzumerken, daß diese Methode (wie bereits erwähnt) **nur in Deutschland verwendet** wird und somit nicht zur Vereinheitlichung der Renditeberechnung beiträgt.

All diese aufgezählten Schwachpunkte und Verzerrungen führten dazu, daß die Bedeutung der Braeß/Fangmeyer-Methode in den letzten Jahren stark abgenommen hat.

3.2.5 Die Methode nach der deutschen Preisangabenverordnung

Auch diese Methode wird nur in Deutschland verwendet. Paragraph 4 der deutschen „Preisangabenverordnung vom 14. März 1985“ (PAngV 1985) sowie die „Ausführungsbestimmungen der Wirtschaftsministerien der deutschen Länder zur Preisangabenverordnung 1985“ schreiben unter anderem vor, wie die Effektivverzinsung von Krediten zu berechnen und anzugeben ist.

Paragraph 4 der Preisangabenverordnung bezieht sich zwar ausschließlich auf Kredite, die darin vorgeschriebene Methode kann jedoch selbstverständlich auch zur Berechnung von Anleihenrenditen verwendet werden.

3.2.5.1 Das Prinzip

Die Methode nach der Preisangabenverordnung verwendet einen **Jahreszinssatz**. Wie bei der Braeß/Fangmeyer-Methode dient als **Vergleichskonto** ein **Konto mit jährlichem Zinszuschlag** und willkürlich angenommenen Zinzuschlagsterminen. Der Unterschied zur Braeß/Fangmeyer-Methode liegt darin, daß als **Zinszuschlagstermine** die **Laufzeitjahresenden** (an Stelle der Hauptfälligkeitstermine) gewählt werden.

Das bedeutet, daß der erste Zinszuschlag genau ein Jahr nach dem Bewertungsstichtag und die nachfolgendenen Zinszuschläge immer wieder in Einjahresabständen stattfinden. Dies geschieht so lange, bis das Ende der ganzzahligen Restlaufzeit in Jahren (= Beginn der gebrochenen Restlaufzeit in Jahren) erreicht wird. Für die Rückflüsse innerhalb der gebrochenen Restlaufzeit in Jahren erfolgt der Zinszuschlag zum letzten Kupontermin. Die gebrochene Restlaufzeit in Jahren wird also an das Ende der Restlaufzeit gelegt.

Für die **Barwertermittlung** nach der Preisangabenverordnung bedeutet das:

Die Rückflüsse während der **ganzzahligen Restlaufzeit in Jahren** werden wie folgt zum Bewertungsstichtag abgezinst: Jeder Rückfluß, der nicht zu einem Laufzeitjahresende anfällt, wird zunächst linear zum nächsten Laufzeitjahresende aufgezinst. Von dort wird er dann stufenweise bis zum ersten Laufzeitjahresende der gesamten Restlaufzeit und danach weiter vom ersten Laufzeitjahresende zum Bewertungsstichtag abgezinst. Die Abzinsungsdauer beträgt jeweils genau ein Jahr (bei dieser Methode identisch mit einer Zinsperiode). Daher entspricht diese stufenweise Abzinsung einer exponentiellen Abzinsung.

Die Rückflüsse innerhalb der **gebrochenen Restlaufzeit in Jahren** werden linear bis zum letzten Kupontermin aufgezinst. Danach werden sie linear vom letzten Kupontermin bis zum letzten Laufzeitjahresende abgezinst. Von diesem letzten Laufzeitjahresende werden die Rückflüsse dann (wie im Bereich der ganzzahligen Restlaufzeit in Jahren) exponentiell bis zum Bewertungsstichtag abgezinst.

Abbildung 13 zeigt die (indirekte) Abzinsung der einzelnen Rückflüsse der Anleihe „XYZ“:

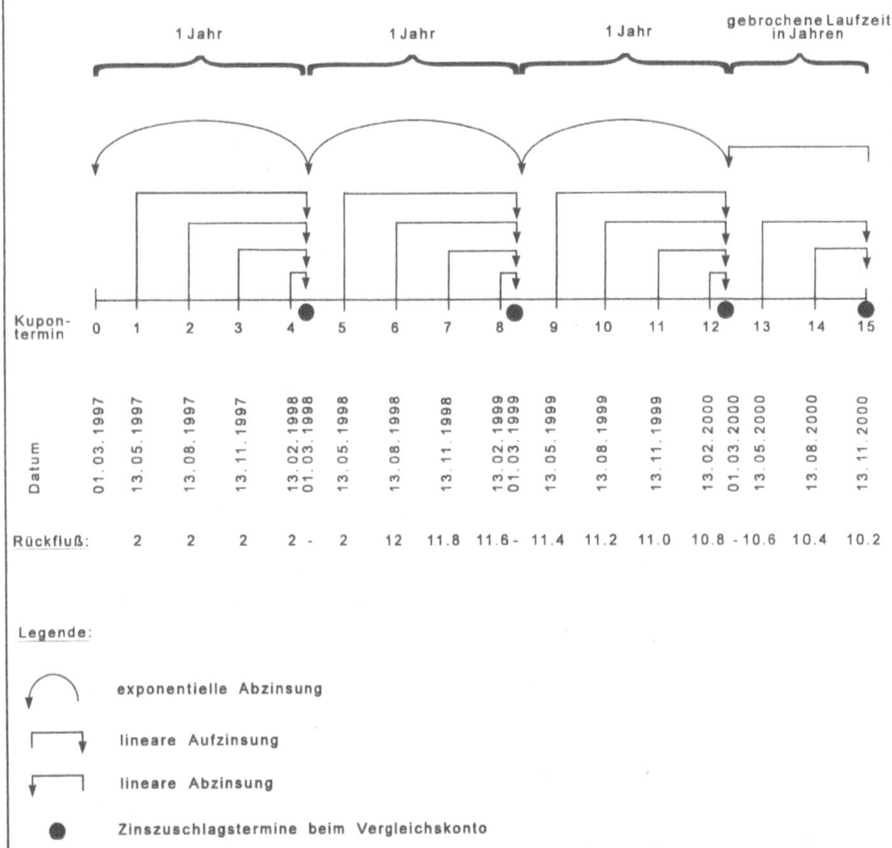

Abbildung 13: Abzinsung der Rückflüsse nach der Preisangabenverordnung

3.2.5.2 Die Renditegleichung

Bei der Herleitung der Renditegleichung wird wieder zwischen der ganzzahligen Restlaufzeit in Jahren und der gebrochenen Restlaufzeit in Jahren getrennt.

3.2.5.2.1 Ganzzahlige Restlaufzeit in Jahren

Im Bereich der ganzzahligen Restlaufzeit in Jahren betrachtet man zunächst den **Kupontermin y im (Laufzeit-)Jahr t**. Dabei gelten folgende Einschränkungen:

$$1 \le t \le \text{Jahre}_{ab}$$
$$1 \le y \le m$$

Die Nummer (innerhalb der gesamten Restlaufzeit) von Kupontermin y im Laufzeitjahr t läßt sich folgendermaßen herleiten: In den (t-1) Laufzeitjahren vor dem Laufzeitjahr t liegen jeweils m Kupontermine. Das sind insgesamt (t-1)•m Kupontermine. Dazu kommen noch die y Kupontermine aus dem Laufzeitjahr t. Addiert man diese Komponenten, so erhält man die Nummer von Kupontermin y im Laufzeitjahr t:

$$(t-1) \cdot m + y$$

1) Den **Rückfluß zum Kupontermin y im Laufzeitjahr t** erhält man nun, indem man in die Formel für den Rückfluß zum Kupontermin t (Kapitel 3.1.2) anstelle von t den Ausdruck (t-1)•m+y einsetzt:

$$\left(1 - \sum_{x=1}^{(t-1)\cdot m+y-1} \frac{T_x}{100}\right) \cdot \frac{p}{m} + T_{(t-1)\cdot m+y} \cdot \frac{TK_{(t-1)\cdot m+y}}{100}$$

2) Die **Zeitspanne zwischen dem Kupontermin y des Laufzeitjahres t und dem letzten Kupontermin (= Kupontermin m) des Laufzeitjahres t** beträgt (ausgedrückt in Kuponperioden):

$$m - y$$

3) Der **Zeitraum vom letzten Kupontermin des Laufzeitjahres t bis zum Ende des Laufzeitjahres t** ist identisch mit der Zeitdifferenz zwischen dem Kupontermin vor dem Bewertungsstichtag und dem Bewertungsstichtag. Dies ist (ausgedrückt in Kuponperioden) der für die Berechnung der Stückzinsen relevante Zeitraum:

$$1-\frac{tg\cdot m}{360}$$

4) Addiert man nun die beiden in Schritt 2 und 3 ermittelten Zeitspannen, so erhält man den in Kuponperioden ausgedrückten **Zeitraum vom Kupontermin y des Laufzeitjahres t bis zum Ende des Laufzeitjahres t**:

$$m-y+1-\frac{tg\cdot m}{360}$$

5) Da die Methode nach der Preisangabenverordnung einen Jahreszinssatz (bzw. eine Jahresrendite) verwendet, ist dieser Zeitraum nun **in Jahre umzurechnen**:

$$\frac{m-y+1}{m}-\frac{tg}{360}$$

6) Der Rückfluß wird nun linear **zum Ende des Laufzeitjahres t aufgezinst**. Die Aufzinsungsdauer ist der Zeitraum aus Schritt 5:

$$\left[\left(1-\sum_{x=1}^{(t-1)\cdot m+y-1}\frac{T_x}{100}\right)\cdot\frac{p}{m}+T_{(t-1)\cdot m+y}\cdot\frac{TK_{(t-1)\cdot m+y}}{100}\right]\cdot\left[1+i_{e(p.a.)}\cdot\left(\frac{m-y+1}{m}-\frac{tg}{360}\right)\right]$$

Dies ist der **Wert des Rückflusses, bezogen auf das Ende des Laufzeitjahres t**.

7) Diesen aufgezinsten Rückfluß muß man nun vom Ende des Laufzeitjahres t exponentiell **zum Bewertungsstichtag abzinsen**. Der Abzinsungszeitraum beträgt t Jahre:

$$\frac{\left[\left(1-\sum_{x=1}^{(t-1)\cdot m+y-1}\frac{T_x}{100}\right)\cdot\frac{p}{m}+T_{(t-1)\cdot m+y}\cdot\frac{TK_{(t-1)\cdot m+y}}{100}\right]\cdot\left[1+i_{e(p.a.)}\cdot\left(\frac{m-y+1}{m}-\frac{tg}{360}\right)\right]}{\left(1+i_{e(p.a.)}\right)^t}$$

BEISPIEL 28: Abzinsung eines Rückflusses innerhalb der ganzzahligen Restlaufzeit in Jahren nach der Preisangabenverordnung

Es ist zu zeigen, wie bei der Methode nach der Preisangabenverordnung der Rückfluß aus der Anleihe „XYZ“ vom 13. 2. 2000 mit der (zu berechnenden) Rendite nach der Preisangabenverordnung zum Bewertungsstichtag 1. 3. 1997 abgezinst wird.

Lösung:

Der 13. 2. 2000 ist der vierte und letzte Kupontermin im dritten Laufzeitjahr. Der Rückfluß zu diesem Kupontermin beträgt 10,8 (vgl. Beispiel 13).

Dieser Rückfluß muß zunächst linear vom 13. 2. 2000 bis zum 1. 3. 2000 (Ende des dritten Laufzeitjahres) aufgezinst werden. Der Zeitraum vom 13. 2. 2000 bis zum 1. 3. 2000 ist identisch mit der Zeitspanne zwischen dem 13. 2. 1997 und dem 1. 3. 1997. Dies sind, wie aus Beispiel 7 ersichtlich, 18 Tage oder umgerechnet (18/360 =) 0,05 Jahre:

$$10{,}8\cdot\left(1+i_{e(p.a.)}\cdot 0{,}05\right)$$

Anschließend wird der (aufgezinste) Rückfluß vom 1. 3. 2000 bis zum 1. 3. 1997 exponentiell abgezinst:

$$\frac{10{,}8\cdot\left(1+i_{e(p.a.)}\cdot 0{,}05\right)}{\left(1+i_{e(p.a.)}\right)^3}$$

8) Die ersten sieben Schritte sind nicht nur für den Kupontermin y, sondern **für alle Kupontermine innerhalb des Laufzeitjahres t** durchzuführen. Die zum Bewertungsstichtag abgezinsten Rückflüsse müssen dann addiert werden. Die Summenuntergrenze ist 1. Die Obergrenze ist die Anzahl der Kupontermine pro Jahr, also die Variable m:

$$\sum_{y=1}^{m} \frac{\left[\left(1-\sum_{x=1}^{(t-1)\cdot m+y-1}\frac{T_x}{100}\right)\cdot\frac{p}{m}+T_{(t-1)\cdot m+y}\cdot\frac{TK_{(t-1)\cdot m+y}}{100}\right]\cdot\left[1+i_{e(p.a.)}\cdot\left(\frac{m-y+1}{m}-\frac{tg}{360}\right)\right]}{\left(1+i_{e(p.a.)}\right)^t}$$

9) Die Schritte 1 bis 8 sind natürlich **für sämtliche Laufzeitjahre** vorzunehmen (und nicht nur für das Laufzeitjahr mit der Nummer t). Die Barwertsummen müssen dann addiert werden. Der erste Summand ist der Barwert der Rückflüsse aus dem ersten Laufzeitjahr. Die Summenuntergrenze beträgt daher 1. Der letzte Summand ist der Barwert der Rückflüsse aus dem letzten Laufzeitjahr. Da dieses die Nummer $Jahre_{ab}$ hat, ist die Summenobergrenze $Jahre_{ab}$:

$$\sum_{t=1}^{Jahre_{ab}}\sum_{y=1}^{m} \frac{\left[\left(1-\sum_{x=1}^{(t-1)\cdot m+y-1}\frac{T_x}{100}\right)\cdot\frac{p}{m}+T_{(t-1)\cdot m+y}\cdot\frac{TK_{(t-1)\cdot m+y}}{100}\right]\cdot\left[1+i_{e(p.a.)}\cdot\left(\frac{m-y+1}{m}-\frac{tg}{360}\right)\right]}{\left(1+i_{e(p.a.)}\right)^t}$$

3.2.5.2.2 Gebrochene Restlaufzeit in Jahren

Hier geht man vom **Kupontermin y innerhalb der gebrochenen Restlaufzeit in Jahren** aus. Dabei gilt die formale Einschränkung:

$$1 \le y \le z$$

Die Nummer (innerhalb der gesamten Restlaufzeit) dieses Kupontermines ist leicht zu berechnen, wenn man bedenkt, daß während der ganzzahligen Restlaufzeit in Jahren ($Jahre_{ab} \bullet m$) Kupontermine anfallen und daß es sich um den y. Kupontermin innerhalb der gebrochenen Restlaufzeit in Jahren handelt:

$$(Jahre_{ab}\cdot m)+y$$

1) Den **Rückfluß zum Kupontermin y innerhalb der gebrochenen Restlaufzeit in Jahren** erhält man durch Einsetzen des Ausdrucks $(\text{Jahre}_{ab} \bullet m)+y$ anstelle von t in der Formel für den Rückfluß zum Kupontermin t (Kapitel 3.1.2):

$$\left(1-\sum_{x=1}^{(\text{Jahre}_{ab}\cdot m)+y-1}\frac{T_x}{100}\right)\cdot\frac{p}{m}+T_{(\text{Jahre}_{ab}\cdot m)+y}\cdot\frac{TK_{(\text{Jahre}_{ab}\cdot m)+y}}{100}$$

2) Anschließend ist der Zeitraum vom Kupontermin y der gebrochenen Restlaufzeit in Jahren bis zum letzten Kupontermin zu berechnen. Die Nummer des letzten Kupontermines entspricht der Variable RLZ_{auf} und kann auch durch $\text{Jahre}_{ab} \bullet m+z$ dargestellt werden. Die Nummer von Kupontermin y der gebrochenen Restlaufzeit in Jahren beträgt $\text{Jahre}_{ab} \bullet m+y$. Der in Kuponperioden ausgedrückte **Zeitraum vom Kupontermin y der gebrochenen Restlaufzeit in Jahren bis zum letzten Kupontermin** ist deshalb:

$$(\text{Jahre}_{ab}\cdot m+z)-(\text{Jahre}_{ab}\cdot m+y)=z-y$$

3) Da bei der Methode nach der Preisangabenverordnung ein Jahreszinssatz verwendet wird, ist diese Zeitspanne **in Jahre umzurechnen**:

$$\frac{z-y}{m}$$

4) Nun wird der Rückfluß linear **zum letzten Kupontermin aufgezinst**. Die Aufzinsungsdauer ist der Zeitraum aus Schritt 3:

$$\left[\left(1-\sum_{x=1}^{(\text{Jahre}_{ab}\cdot m)+y-1}\frac{T_x}{100}\right)\cdot\frac{p}{m}+T_{(\text{Jahre}_{ab}\cdot m)+y}\cdot\frac{TK_{(\text{Jahre}_{ab}\cdot m)+y}}{100}\right]\cdot\left(1+i_{e(p.a.)}\cdot\frac{z-y}{m}\right)$$

Dies ist der **Wert des Rückflusses, bezogen auf den letzten Kupontermin**.

5) Diesen aufgezinsten Rückfluß muß man nun **vom letzten Kupontermin** (= Ende der gebrochenen Restlaufzeit in Jahren) **zum letzten Laufzeitjahresende** (= Beginn der gebrochenen Restlaufzeit in Jahren) linear

abzinsen. Der Abzinsungszeitraum ist die gebrochene Restlaufzeit in Jahren ($gebrLZ_J$):

$$\frac{\left[\left(1-\sum_{x=1}^{(Jahre_{ab}\cdot m)+y-1}\frac{T_x}{100}\right)\cdot\frac{p}{m}+T_{(Jahre_{ab}\cdot m)+y}\cdot\frac{TK_{(Jahre_{ab}\cdot m)+y}}{100}\right]\cdot\left(1+i_{e(p.a.)}\cdot\frac{z-y}{m}\right)}{\left(1+i_{e(p.a.)}\cdot gebrLZ_J\right)}$$

6) Diesen abgezinsten Rückfluß muß man nun weiter exponentiell **vom letzten Laufzeitjahresende** (= Ende des Laufzeitjahres mit der Nummer $Jahre_{ab}$) **zum Bewertungsstichtag** (= Ende des Laufzeitjahres mit der Nummer 0) **abzinsen**. Die Abzinsungsdauer für diesen Schritt ist die ganzzahlige Restlaufzeit in Jahren ($Jahre_{ab}$):

$$\frac{\left[\left(1-\sum_{x=1}^{(Jahre_{ab}\cdot m)+y-1}\frac{T_x}{100}\right)\cdot\frac{p}{m}+T_{(Jahre_{ab}\cdot m)+y}\cdot\frac{TK_{(Jahre_{ab}\cdot m)+y}}{100}\right]\cdot\left(1+i_{e(p.a.)}\cdot\frac{z-y}{m}\right)}{\left(1+i_{e(p.a.)}\cdot gebrLZ_J\right)\cdot\left(1+i_{e(p.a.)}\right)^{Jahre_{ab}}}$$

BEISPIEL 29: Abzinsung eines Rückflusses innerhalb der gebrochenen Restlaufzeit in Jahren nach der Preisangabenverordnung

Es ist zu analysieren, wie bei der Methode nach der Preisangabenverordnung der Rückfluß aus der Anleihe „XYZ" vom 13. 5. 2000 mit der (zu berechnenden) Rendite nach der Preisangabenverordnung zum Bewertungsstichtag 1. 3. 1997 abgezinst wird.

Lösung:

Der 13. 5. 2000 ist der erste Kupontermin innerhalb der gebrochenen Restlaufzeit in Jahren. Wie aus Beispiel 13 ersichtlich, beträgt der Rückfluß zum 13. 5. 2000 genau 10,6 Geldeinheiten.

Diesen Rückfluß muß man zunächst linear bis zum 13. 11. 2000 (letzter Kupontermin) aufzinsen. Dies ist eine Zeitspanne von zwei Kuponperioden (d. h. von zwei Quartalen) oder (2/4 =) 0,5 Jahren:

$$10{,}6 \cdot \left(1 + i_{e(p.a.)} \cdot 0{,}5\right)$$

Danach wird der aufgezinste Rückfluß linear vom 13. 11. 2000 (Ende der gebrochenen Restlaufzeit in Jahren) zum 1. 3. 2000 (letztes Laufzeitjahresende, Beginn der gebrochenen Restlaufzeit in Jahren) abgezinst. Die Abzinsungsdauer ist die gebrochene Restlaufzeit in Jahren (0,7 Jahre):

$$\frac{10{,}6 \cdot \left(1 + i_{e(p.a.)} \cdot 0{,}5\right)}{\left(1 + i_{e(p.a.)} \cdot 0{,}7\right)}$$

Abschließend wird der Rückfluß exponentiell vom 1. 3. 2000 zum 1. 3. 1997 abgezinst:

$$\frac{10{,}6 \cdot \left(1 + i_{e(p.a.)} \cdot 0{,}5\right)}{\left(1 + i_{e(p.a.)} \cdot 0{,}7\right) \cdot \left(1 + i_{e(p.a.)}\right)^3}$$

---

7) Die ersten sechs Schritte sind nicht nur für Kupontermin y, sondern **für sämtliche Kupontermine innerhalb der gebrochenen Restlaufzeit in Jahren vorzunehmen.** Da die Barwerte addiert werden, ist wieder eine Summe zu bilden. Der erste Summand ist der erste Kupontermin innerhalb der gebrochenen Restlaufzeit in Jahren. Daher ist die Summenuntergrenze 1. Der letzte Summand ist der letzte Kupontermin (Kupontermin mit der Nummer z innerhalb der gebrochenen Restlaufzeit in Jahren). Somit ist die Obergrenze z:

$$\sum_{y=1}^{z} \frac{\left[\left(1 - \sum_{x=1}^{(Jahre_{ab} \cdot m)+y-1} \frac{T_x}{100}\right) \cdot \frac{p}{m} + T_{(Jahre_{ab} \cdot m)+y} \cdot \frac{TK_{(Jahre_{ab} \cdot m)+y}}{100}\right] \cdot \left(1 + i_{e(p.a.)} \cdot \frac{z-y}{m}\right)}{\left(1 + i_{e(p.a.)} \cdot gebrLZ_J\right) \cdot \left(1 + i_{e(p.a.)}\right)^{Jahre_{ab}}}$$

3.2.5.2.3 Zusammenführung

Wenn man nun die beiden Komponenten für die ganzzahlige und für die gebrochene Restlaufzeit in Jahren addiert, erhält man den Barwert sämtlicher Rückflüsse aus der Anleihe. Dieser muß wieder mit dem Bruttokurs $P_{0,B}$ gleichgesetzt werden, um die **Renditegleichung** zu erhalten:

$$P_{0,B} = \sum_{t=1}^{Jahre_{ab}} \sum_{y=1}^{m} \frac{\left[\left(1 - \sum_{x=1}^{(t-1)\cdot m+y-1} \frac{T_x}{100}\right) \cdot \frac{p}{m} + T_{(t-1)\cdot m+y} \cdot \frac{TK_{(t-1)\cdot m+y}}{100}\right] \cdot \left[1 + i_{e(p.a.)} \cdot \left(\frac{m-y+1}{m} - \frac{tg}{360}\right)\right]}{\left(1 + i_{e(p.a.)}\right)^t}$$

$$+ \sum_{y=1}^{z} \frac{\left[\left(1 - \sum_{x=1}^{(Jahre_{ab}\cdot m)+y-1} \frac{T_x}{100}\right) \cdot \frac{p}{m} + T_{(Jahre_{ab}\cdot m)+y} \cdot \frac{TK_{(Jahre_{ab}\cdot m)+y}}{100}\right] \cdot \left(1 + i_{e(p.a.)} \cdot \frac{z-y}{m}\right)}{\left(1 + i_{e(p.a.)} \cdot gebrLZ_J\right) \cdot \left(1 + i_{e(p.a.)}\right)^{Jahre_{ab}}}$$

Die Lösung dieser Gleichung durch **Iteration** führt automatisch zur Jahresrendite $i_{e(p.a.)}$, so daß eine Umrechnung nicht mehr erforderlich ist.

BEISPIEL 30: Renditeberechnung nach der Preisangabenverordnung

Es ist unter Verwendung der beiden Startwerte 8 % und 9 % (p. a.) die Rendite der Anleihe „XYZ“ am 1. 3. 1997 nach der Preisangabenverordnung zu berechnen.

Lösung:

Die Renditegleichung für die Anleihe „XYZ“ nach der Preisangabenverordnung kann mit Hilfe von Beispiel 13, Abbildung 13 und der hergeleiteten Renditegleichung aufgestellt werden:

$$99{,}4 = \frac{2\cdot\left(1+i_{e(p.a.)}\cdot 0{,}8\right)}{\left(1+i_{e(p.a.)}\right)} + \frac{2\cdot\left(1+i_{e(p.a.)}\cdot 0{,}55\right)}{\left(1+i_{e(p.a.)}\right)} + \frac{2\cdot\left(1+i_{e(p.a.)}\cdot 0{,}3\right)}{\left(1+i_{e(p.a.)}\right)} +$$

$$+ \frac{2\cdot\left(1+i_{e(p.a.)}\cdot 0{,}05\right)}{\left(1+i_{e(p.a.)}\right)} + \frac{2\cdot\left(1+i_{e(p.a.)}\cdot 0{,}8\right)}{\left(1+i_{e(p.a.)}\right)^2} + \frac{12\cdot\left(1+i_{e(p.a.)}\cdot 0{,}55\right)}{\left(1+i_{e(p.a.)}\right)^2} +$$

$$+ \frac{11{,}8\cdot\left(1+i_{e(p.a.)}\cdot 0{,}3\right)}{\left(1+i_{e(p.a.)}\right)^2} + \frac{11{,}6\cdot\left(1+i_{e(p.a.)}\cdot 0{,}05\right)}{\left(1+i_{e(p.a.)}\right)^2} + \frac{11{,}4\cdot\left(1+i_{e(p.a.)}\cdot 0{,}8\right)}{\left(1+i_{e(p.a.)}\right)^3} +$$

$$+ \frac{11{,}2\cdot\left(1+i_{e(p.a.)}\cdot 0{,}55\right)}{\left(1+i_{e(p.a.)}\right)^3} + \frac{11{,}0\cdot\left(1+i_{e(p.a.)}\cdot 0{,}3\right)}{\left(1+i_{e(p.a.)}\right)^3} + \frac{10{,}8\cdot\left(1+i_{e(p.a.)}\cdot 0{,}05\right)}{\left(1+i_{e(p.a.)}\right)^3} +$$

$$+ \frac{10{,}6\cdot\left(1+i_{e(p.a.)}\cdot 0{,}5\right)}{\left(1+i_{e(p.a.)}\cdot 0{,}7\right)\cdot\left(1+i_{e(p.a.)}\right)^3} + \frac{10{,}4\cdot\left(1+i_{e(p.a.)}\cdot 0{,}25\right)}{\left(1+i_{e(p.a.)}\cdot 0{,}7\right)\cdot\left(1+i_{e(p.a.)}\right)^3} + \frac{10{,}2}{\left(1+i_{e(p.a.)}\cdot 0{,}7\right)\cdot\left(1+i_{e(p.a.)}\right)^3}$$

Durch Subtraktion des Bruttokurses erhält man auf der einen Seite der Gleichung die Nettowertfunktion und auf der anderen Seite 0:

$$\frac{2\cdot\left(1+i_{e(p.a.)}\cdot 0{,}8\right)}{\left(1+i_{e(p.a.)}\right)} + \frac{2\cdot\left(1+i_{e(p.a.)}\cdot 0{,}55\right)}{\left(1+i_{e(p.a.)}\right)} + \frac{2\cdot\left(1+i_{e(p.a.)}\cdot 0{,}3\right)}{\left(1+i_{e(p.a.)}\right)} +$$

$$+ \frac{2\cdot\left(1+i_{e(p.a.)}\cdot 0{,}05\right)}{\left(1+i_{e(p.a.)}\right)} + \frac{2\cdot\left(1+i_{e(p.a.)}\cdot 0{,}8\right)}{\left(1+i_{e(p.a.)}\right)^2} + \frac{12\cdot\left(1+i_{e(p.a.)}\cdot 0{,}55\right)}{\left(1+i_{e(p.a.)}\right)^2} +$$

$$+ \frac{11{,}8\cdot\left(1+i_{e(p.a.)}\cdot 0{,}3\right)}{\left(1+i_{e(p.a.)}\right)^2} + \frac{11{,}6\cdot\left(1+i_{e(p.a.)}\cdot 0{,}05\right)}{\left(1+i_{e(p.a.)}\right)^2} + \frac{11{,}4\cdot\left(1+i_{e(p.a.)}\cdot 0{,}8\right)}{\left(1+i_{e(p.a.)}\right)^3} +$$

$$+ \frac{11{,}2\cdot\left(1+i_{e(p.a.)}\cdot 0{,}55\right)}{\left(1+i_{e(p.a.)}\right)^3} + \frac{11{,}0\cdot\left(1+i_{e(p.a.)}\cdot 0{,}3\right)}{\left(1+i_{e(p.a.)}\right)^3} + \frac{10{,}8\cdot\left(1+i_{e(p.a.)}\cdot 0{,}05\right)}{\left(1+i_{e(p.a.)}\right)^3} +$$

$$+ \frac{10{,}6\cdot\left(1+i_{e(p.a.)}\cdot 0{,}5\right)}{\left(1+i_{e(p.a.)}\cdot 0{,}7\right)\cdot\left(1+i_{e(p.a.)}\right)^3} + \frac{10{,}4\cdot\left(1+i_{e(p.a.)}\cdot 0{,}25\right)}{\left(1+i_{e(p.a.)}\cdot 0{,}7\right)\cdot\left(1+i_{e(p.a.)}\right)^3} + \frac{10{,}2}{\left(1+i_{e(p.a.)}\cdot 0{,}7\right)\cdot\left(1+i_{e(p.a.)}\right)^3} - 99{,}4 = 0$$

Der Nettowert beim Startzinssatz von 8 % ist 1,5583525; jener beim Startzinssatz von 9 % beträgt - 0,5732509. Durch Interpolation erhält man einen besseren Näherungszinssatz:

$$i_{e(p.a.)}^{3} = 0{,}08 - 1{,}5583525 \cdot \frac{0{,}09 - 0{,}08}{-0{,}5732509 - 1{,}5583525} = 0{,}0873107$$

Der Nettowert beim Zinssatz 8,73107 % ist - 0,0071143. Da dieser Wert negativ ist, ersetzt man den oberen Startzinssatz durch diesen besseren Näherungszinssatz. Man geht daher mit den beiden Wertepaaren (0,08/1,5583525) und (0,0873107/-0,0071143) in die nächste Iteration:

$$i_{e(p.a.)}^{4} = 0{,}08 - 1{,}5583525 \cdot \frac{0{,}0873107 - 0{,}08}{-0{,}0071143 - 1{,}5583525} = 0{,}0872775$$

Der Nettowert bei diesem Zinssatz ist (nahe genug bei) 0. Die Rendite nach der deutschen Preisangabenverordnung beträgt somit (auf drei Dezimalstellen gerundet) 8,728 % (p. a.).

<u>Kontrolle: Tabellarische Darstellung der Barwertberechnung:</u>

Folgende Tabelle zeigt für jeden einzelnen Kupontermin die indirekte Abzinsung nach der Preisangabenverordnung mit der Jahresrendite von 8,72775 %. Die erste Zeile enthält das Datum, die zweite Zeile den Rückfluß, die dritte Zeile den Wert, bezogen auf den nächsten Zinszuschlagstermin (Laufzeitjahresenden bzw. letzter Kupontermin), und die vierte Zeile den Barwert per 1. 3. 1997:

	13.5. 1997	13.8. 1997	13.11. 1997	13.2. 1998	13.5. 1998	13.8. 1998	13.11. 1998	13.2. 1999	13.5. 1999	13.8. 1999	13.11. 1999	13.2. 2000	13.5. 2000	13.8. 2000	13.11. 2000	Σ
R	2	2	2	2	2	12	11,8	11,6	11,4	11,2	11,0	10,8	10,6	10,4	10,2	
W_{ZZT}	2,14	2,10	2,05	2,01	2,14	12,58	12,11	11,65	12,20	11,74	11,29	10,85	11,06	10,63	10,2	
BW	1,97	1,93	1,89	1,85	1,81	10,64	10,24	9,86	9,49	9,13	8,78	8,44	8,11	7,79	7,48	99,4

Der Wert der Anleihe nach der Preisangabenverordnung (berechnet mit der Rendite nach der Preisangabenverordnung) entspricht also dem Bruttokurs in Höhe von 99,4.

3.2.5.3 Das Vergleichskonto

Zur Kontrolle der berechneten Rendite kann wieder das Vergleichskonto herangezogen werden. Wie bei der Methode nach Braeß/Fangmeyer werden auch nach der Preisangabenverordnung die Zinsen jährlich zugeschlagen - allerdings jeweils zu den Laufzeitjahresenden. Das folgende Beispiel soll die Vergleichskontoführung nach der Preisangabenverordnung veranschaulichen:

BEISPIEL 31: Vergleichskonto nach der Preisangabenverordnung

Erstellt man für die Anleihe „XYZ" am 1. 3. 1997 ein Vergleichskonto nach der Preisangabenverordnung unter Verwendung der Rendite nach der Preisangabenverordnung, so erhält man folgendes Konto:

Zeitpunkt	Text	Sollzinsen Vergleichskonto	Zahlung aus der Anleihe	Saldo Vergleichskonto
01.03.1997	fiktive Kreditaufnahme		- 99,40	-99,40
13.05.1997	Rückfluß		2,00	-97,40
13.08.1997	Rückfluß		2,00	-95,40
13.11.1997	Rückfluß		2,00	-93,40
13.02.1998	Rückfluß		2,00	-91,40
01.03.1998	Verzinsung	-8,38		-99,78
13.05.1998	Rückfluß		2,00	-97,78
13.08.1998	Rückfluß		12,00	-85,78
13.11.1998	Rückfluß		11,80	-73,98
13.02.1999	Rückfluß		11,60	-62,38
01.03.1999	Verzinsung	-7,63		-70,01
13.05.1999	Rückfluß		11,40	-58,61
13.08.1999	Rückfluß		11,20	-47,41
13.11.1999	Rückfluß		11,00	-36,41
13.02.2000	Rückfluß		10,80	-25,61
01.03.2000	Verzinsung	-4,44		-30,05
13.05.2000	Rückfluß		10,60	-19,45
13.08.2000	Rückfluß		10,40	- 9,05
13.11.2000	Verzinsung, Rückfluß	-1,15	10,20	**0,00**

Ergänzende Kommentare:

1) Sollzinsen beim Vergleichskonto

Die Berechnung der Sollzinsen erfolgt wie bei der Braeß/Fangmeyer-Methode anhand der Zinsformel bei linearer Verzinsung und auf Basis der Saldostände des vergangenen Jahres. Der Zinszuschlag findet allerdings zu den Laufzeitjahresenden statt.

Als Zinssatz verwendet man die Jahresrendite. Als Verzinsungsdauern sind die entsprechenden Zeitdifferenzen in Jahren (0,20 Jahre zwischen dem 1. 3. und dem 13. 5. eines Laufzeitjahres, 0,05 Jahre zwischen dem 13. 2. und dem 1. 3. eines Laufzeitjahres und 0,25 Jahre zwischen zwei aufeinander folgenden Kuponterminen) einzusetzen. Anhand von zwei Beispielen sei die Berechnung der Sollzinsen dargestellt:

Die Sollzinsen für den 1. 3. 1998 berechnen sich wie folgt:

$$-99{,}4 \cdot 0{,}0872775 \cdot 0{,}20 - 97{,}4 \cdot 0{,}0872775 \cdot 0{,}25 - 95{,}4 \cdot 0{,}0872775 \cdot 0{,}25 -$$
$$-93{,}4 \cdot 0{,}0872775 \cdot 0{,}25 - 91{,}4 \cdot 0{,}0872775 \cdot 0{,}05 = -8{,}38$$

Die Sollzinsen für den 13. 11. 2000 lassen sich durch folgende Berechnung ermitteln:

$$-30{,}05 \cdot 0{,}0872775 \cdot 0{,}20 - 19{,}45 \cdot 0{,}0872775 \cdot 0{,}25 - 9{,}05 \cdot 0{,}0872775 \cdot 0{,}25 = -1{,}15$$

2) Zahlungen aus der Anleihe

Diese Spalte beinhaltet wieder Bruttokurs und Rückflüsse aus der Anleihe.

3) Saldo beim Vergleichskonto

Der Saldo errechnet sich wie bei den anderen Methoden als Saldo der Vorperiode minus Sollzinsen plus Zahlung aus der Anleihe.

3.2.5.4 Kritische Würdigung

Sämtliche Schwächen der Braeß/Fangmeyer-Methode (lineare Verzinsungen, willkürliche Annahme der Zinszuschlagstermine, komplizierte Renditegleichung, schwierig zu berechnen und zu kontrollieren, mangelnde Übereinstimmung zwischen Portefeuillerendite und Anleihenrendite bei Portefeuilles aus Anleihen mit gleicher Rendite, Verwendung nur in Deutschland) gelten auch für diese Methode.

Die Methode nach der Preisangabenverordnung ist jedoch aus folgendem Grund noch unrealistischer als jene nach Braeß/Fangmeyer: Da die **Zinszuschläge** beim Vergleichskonto zu den Laufzeitjahresenden vorgenommen werden, erfolgen diese (sofern die Anleihe nicht gerade zu einem Kupontermin bewertet wird) zu einem Zeitpunkt, zu dem **nicht einmal ein Rückfluß** aus der Anleihe stattfindet. Folglich kommt es unweigerlich **noch häufiger** zu **linearen Verzinsungen** als bei der Braeß/Fangmeyer-Methode. Außerdem bewirkt dies, daß die Methode nach der Preisangabenverordnung von den fünf untersuchten die mit Abstand **komplizierteste** ist.

Den angeführten Nachteilen wird (wie bei der Braeß/Fangmeyer-Methode) oft das Argument entgegengestellt, daß diese Methode auch für Laien **leicht interpretierbar** sei, weil beim Vergleichskonto die Zinsen jährlich zugeschlagen werden und dieses Vergleichskonto daher wie ein gewöhnliches Bankkonto geführt werde. Dem ist allerdings ein ähnlicher Einwand wie bei der Braeß/Fangmeyer-Methode entgegen zu setzen. Das Vergleichskonto würde nur dann zur Gänze einem gewöhnlichen Bankkonto entsprechen, wenn die Anleihe am 31. Dezember bewertet wird. Nur in diesem Fall würden nämlich die Zinszuschlagstermine des Vergleichskontos (Laufzeitjahresenden) mit den Zinszuschlagsterminen eines gewöhnlichen Bankkontos (Kalenderjahresenden) übereinstimmen.

Ein geringfügiger Vorteil der Methode nach der Preisangabenverordnung besteht darin, daß durch die Verwendung einer Jahresrendite eine **Umrechnung** von einer Periodenrendite in eine Jahresrendite **nicht** mehr **notwendig** ist.

Alles in allem überwiegen jedoch die Nachteile dieser Methode bei weitem. Aus diesem Grund wird die Methode nach der Preisangabenverordnung in der Praxis zur Berechnung von Anleihenrenditen kaum verwendet.

3.2.6 Vergleich der Renditemethoden

3.2.6.1 Vergleich der Merkmale

Tabelle 1 faßt noch einmal zusammen, wie sich die fünf beschriebenen Renditemethoden hinsichtlich des verwendeten Zinssatzes und des Vergleichskontos unterscheiden.

Tabelle 1: Übersicht über die Merkmale der fünf Renditemethoden

Renditemethode	Verwendeter Zinssatz	Zinszuschlagshäufigkeit beim Vergleichskonto	Zinszuschlagstermine beim Vergleichskonto
ISMA	Zinssatz pro Kuponperiode	täglich	jeder Tag
Moosmüller	Zinssatz pro Kuponperiode	je nach Kuponhäufigkeit	jeder Kupontermin
Amerikanisch	Jahreszinssatz	je nach Kuponhäufigkeit	jeder Kupontermin
Braeß/Fangmeyer	Jahreszinssatz	jährlich	Hauptfälligkeitstermine
PAngV	Jahreszinssatz	jährlich	Laufzeitjahresenden

3.2.6.2 Vergleich der Ergebnisse

Eine direkte Umrechnung der Rendite nach einer bestimmten Methode in die Rendite nach einer anderen Methode ist leider unmöglich. Es kann jedoch zum Teil im paarweisen Vergleich festgestellt werden,

- in welchen Situationen zwei Methoden das gleiche Ergebnis bringen,
- ob eine Methode immer eine höhere (oder eine gleich hohe) Rendite ergibt als eine andere Methode und
- welche Konstellationen die Rendite nach einer Methode im Vergleich zu jener nach einer anderen Methode tendenziell erhöhen.

Dies soll in den folgenden Kapiteln versucht werden.

3.2.6.2.1 Rendite nach der ISMA vs. Rendite nach Moosmüller

Wenn eine Anleihe **zu einem Kupontermin bewertet** wird, bringen ISMA-Methode und Moosmüller-Methode das **gleiche Ergebnis**, da in diesem Fall beide Methoden sämtliche Rückflüsse (mit einem Periodenzinssatz) exponentiell zum Bewertungsstichtag abzinsen.

Wird die Anleihe hingegen zwischen **zwei Kuponterminen bewertet**, so ist die **ISMA-Rendite stets höher als die Moosmüller-Rendite**. Dies ist darauf zurückzuführen, daß bei der Moosmüller-Methode über die gebrochene Restlaufzeit in Kuponperioden linear abgezinst wird und diese lineare Abzinsung über weniger als eine Kuponperiode (beim Vergleich dieser Methoden identisch mit einer Zinsperiode) im Vergleich zur exponentiellen Abzinsung bei der ISMA-Methode renditemindernd wirkt.

Der Unterschied zwischen den beiden Renditen hängt bei gleicher ganzzahliger Restlaufzeit in Kuponperioden von der Länge der **gebrochenen Restlaufzeit in Kuponperioden** ab - also davon, wie nahe der Bewertungsstichtag bei einem Kupontermin liegt. Erfolgt die Bewertung eher in der Nähe eines Kupontermines, ist die Differenz gering. Wird die Anleihe hingegen ziemlich in der Mitte einer Kuponperiode bewertet, ist die Differenz sehr hoch. Dieser Umstand ist darauf zurückzuführen, daß der Unterschied zwischen der linearen und der exponentiellen Verzinsung (im Bereich der gebrochenen Restlaufzeit in Kuponperioden) besonders hoch ist, wenn die Verzinsungsdauer ungefähr eine halbe Zinsperiode umfaßt (vgl. Abbildung 5).

Der Ergebnisunterschied zwischen den beiden Methoden hängt darüber hinaus von der **Kuponhäufigkeit** der Anleihe ab. Je mehr Kupontermine pro Jahr anfallen, desto geringer ist die Renditedifferenz.

Eine weitere Einflußgröße ist die **Tilgungsstruktur**: Je später die Tilgungen erfolgen, desto geringer ist der Unterschied in den Renditeergebnissen.

BEISPIEL 32: Rendite nach der ISMA vs. Rendite nach Moosmüller

Die folgende Tabelle zeigt die Rendite nach der ISMA-Methode und jene nach der Moosmüller-Methode für verschiedene Anleihen mit Tilgung zum Nominale.

Aus Platzgründen wurden für die Nominalverzinsung, für die Restlaufzeit in Jahren und für die Kuponhäufigkeit die bisher verwendeten Variablen p, Jahre und m verwendet.

Nettokurs	p	Jahre	m	Tilgungs-struktur	ISMA-Rendite	Moosmüller-Rendite	Rendite-differenz
99	8 %	4,00	1	endfällig	8,304 %	8,304 %	+0,000 %
99	8 %	3,10	1	endfällig	8,369 %	8,357 %	+0,012 %
99	8 %	3,25	1	endfällig	8,342 %	8,319 %	+0,023 %
99	8 %	3,50	1	endfällig	8,314 %	8,286 %	+0,028 %
99	8 %	3,75	1	endfällig	8,302 %	8,283 %	+0,019 %
99	8 %	3,95	1	endfällig	8,303 %	8,298 %	+0,005 %
99	8 %	3,75	2	endfällig	8,482 %	8,475 %	+0,007 %
99	8 %	3,75	4	endfällig	8,576 %	8,576 %	+0,000 %
99	8 %	3,75	1	je 25 %	8,486 %	8,454 %	+0,032 %

Die erste und die achte Zeile zeigen, daß bei Bewertung einer Anleihe zu einem Kupontermin die Renditen gleich sind. Eine nähere Betrachtung der Zeilen 2 bis 6 veranschaulicht, daß die Renditedifferenz besonders hoch ist, wenn eine Anleihe ungefähr in der Mitte zwischen zwei Kuponterminen bewertet wird. Ein Vergleich von Zeile 5, Zeile 7 und Zeile 8 demonstriert, daß die Renditedifferenz bei zunehmender Kuponhäufigkeit sinkt. Betrachtet man Zeile 5 und Zeile 9, so erkennt man den beschriebenen Einfluß der Tilgungsstruktur auf die Renditedifferenz.

3.2.6.2.2 Rendite nach der ISMA vs. Amerikanische Rendite

Die ISMA-Methode und die Amerikanische Methode führen zum **gleichen Ergebnis**, wenn eine Anleihe mit **jährlicher Verzinsung zu einem Kupontermin bewertet** wird. Jährliche Verzinsung ist aus zwei Gründen Voraussetzung: Erstens gibt es in diesem Fall keinen Unterschied zwischen einem Periodenzinssatz (ISMA-Methode) und einem Jahreszinssatz (Amerikanische Methode). Zweitens ist dann der Abzinsungszeitraum zwischen zwei Kuponterminen genau ein Jahr (beim Vergleich dieser beiden Methoden identisch mit einer Zinsperiode). Bei einer Abzinsung um genau eine Zinsperiode ist die stufenweise lineare Abzinsung (Amerikanische Methode) identisch mit der exponentiellen Abzinsung (ISMA-Methode). Eine Bewertung zu einem Kupontermin ist Voraussetzung, da in diesem Fall keine gebrochene Restlaufzeit in Kuponperioden vorliegt. In diesem Bereich würde die ISMA-Methode exponentiell und die Amerikanische Methode linear abzinsen, was zu unterschiedlichen Ergebnissen führt.

Bei **Anleihen mit unterjähriger Verzinsung** (d. h. mit mehreren Kuponterminen pro Jahr) ist die **ISMA-Rendite höher als die Amerikanische Rendite**. Dies läßt sich folgendermaßen begründen: Beide Methoden zinsen die Rückflüsse aus der Anleihe stufenweise von einem Kupontermin zum jeweils vorigen ab. Die Abzinsungsdauer entspricht dabei jeweils 1/m Jahr und ist daher kürzer als eine Zinsperiode (ein Jahr). In solchen Fällen führt eine exponentielle Abzinsung (ISMA-Methode) zu einer höheren Rendite als die lineare Abzinsung (Amerikanische Methode).

Das gleiche gilt, wenn die **Bewertung zwischen zwei Kuponterminen** erfolgt. Die für die gebrochene Restlaufzeit in Kuponperioden vorgenommene lineare Abzinsung bei der Amerikanischen Methode wirkt dann im Vergleich zur exponentiellen Abzinsung bei der ISMA-Methode renditemindernd (da die Abzinsungsdauer unter einer Zinsperiode liegt). Aus diesem Grund ist die ISMA-Rendite höher als die Amerikanische Rendite.

Bewertet man eine Anleihe mit unterjähriger Verzinsung zwischen zwei Kuponterminen, verstärken die beiden beschriebenen Effekte einander.

Die Differenz zwischen der ISMA-Rendite und der Amerikanischen Rendite ist umso größer, je mehr **Kupontermine pro Jahr** die Anleihe aufweist, da der Unterschied zwischen der linearen und der exponentiellen Verzinsung mit zunehmender Kuponhäufigkeit an Bedeutung gewinnt.

BEISPIEL 33: Rendite nach der ISMA vs. Amerikanische Rendite

Die beschriebenen Effekte lassen sich anhand einiger endfälliger Anleihen (mit Tilgung zum Nominale) veranschaulichen:

Netto-kurs	Nominal-verzinsung	Restlaufzeit (in Jahren)	Kupon-häufigkeit	ISMA-Rendite	Amerikanische Rendite	Rendite-differenz
99	8 %	4,00	1	8,304 %	8,304 %	+0,000 %
99	8 %	4,00	2	8,471 %	8,299 %	+0,172 %
99	8 %	3,75	1	8,302 %	8,283 %	+0,019 %
99	8 %	3,75	2	8,482 %	8,303 %	+0,179 %
99	8 %	3,75	4	8,576 %	8,313 %	+0,263 %

Die erste Zeile zeigt die Übereinstimmung in den Renditen bei Bewertung einer Anleihe mit jährlicher Verzinsung zu einem Kupontermin. Die restlichen Zeilen demonstrieren, daß die ISMA-Rendite größer als die Amerikanische Rendite ist, wenn eine Anleihe mit unterjähriger Verzinsung bewertet wird (Zeile 2), wenn die Anleihe zwischen zwei Kuponterminen bewertet wird (Zeile 3) und wenn eine Anleihe mit unterjähriger Verzinsung zwischen zwei Kuponterminen bewertet wird (Zeile 4). Ein Vergleich der Zeilen 3 bis 5 zeigt, daß mit zunehmender Kuponhäufigkeit die Renditedifferenz steigt.

3.2.6.2.3 Rendite nach der ISMA vs. Rendite nach Braeß/Fangmeyer

Die ISMA-Methode bringt das **gleiche Ergebnis** wie die Methode nach Braeß/Fangmeyer, wenn eine Anleihe mit **jährlicher Verzinsung zu einem Kupontermin bewertet** wird. Jährliche Verzinsung ist aus zwei Gründen Voraussetzung: Zum einen gibt es dann keinen Unterschied zwischen einem Periodenzinssatz (ISMA-Methode) und einem Jahreszinssatz (Braeß/Fangmeyer-Methode). Zum anderen ist in diesem Fall jeder Kupontermin ein Hauptfälligkeitstermin, weshalb bei der Methode nach Braeß/Fangmeyer (ebenso wie bei jener nach der ISMA) keine Rückflüsse linear aufgezinst werden müssen. Die Bewertung zu einem Kupontermin ist Voraussetzung, da durch die Kombination von jährlicher Verzinsung und Bewertung zu einem Kupontermin keine gebrochene Restlaufzeit in Jahren existieren kann. Über diesen Zeitraum würden ja die beiden Methoden unterschiedlich abzinsen (ISMA-Methode: exponentiell; Braeß/Fangmeyer-Methode: linear).

In allen anderen Fällen ist die ISMA-Rendite höher oder niedriger als die Braeß/Fangmeyer-Rendite.

BEISPIEL 34: Rendite nach der ISMA vs. Rendite nach Braeß/Fangmeyer

Ein Vergleich der ISMA-Rendite und der Braeß/Fangmeyer-Rendite für die nachstehenden Anleihen (mit endfälliger Tilgung zum Nominale) zeigt deutlich die beschriebenen Effekte:

Nettokurs	Nominal-verzinsung	Restlaufzeit (in Jahren)	Kupon-häufigkeit	ISMA-Rendite	Braeß/ Fangmeyer-Rendite	Rendite-differenz
99	8 %	4,00	1	8,304 %	8,304 %	+0,000 %
99	8 %	3,50	2	8,509 %	8,483 %	+0,026 %
99	8 %	3,50	1	8,314 %	8,286 %	+0,028 %
99	8 %	3,75	2	8,482 %	8,466 %	+0,016 %
99	8 %	1,00	2	9,274 %	9,278 %	-0,004 %

Die erste Zeile zeigt, daß diese beiden Methoden das gleiche Ergebnis bringen, wenn eine Anleihe mit jährlicher Verzinsung zu einem Kupontermin bewertet wird. Zeile 2 bis 5 veranschaulichen, daß in den anderen Fällen die ISMA-Rendite sowohl höher als auch niedriger als jene nach Braeß/Fangmeyer sein kann.

3.2.6.2.4 Rendite nach der ISMA vs. Rendite nach der Preisangabenverordnung

Die Methode nach der ISMA und jene nach der Preisangabenverordnung führen zum **gleichen Ergebnis**, wenn eine Anleihe mit **jährlicher Verzinsung zu einem Kupontermin bewertet** wird. Dann gibt es nämlich erstens keinen Unterschied zwischen einem Periodenzinssatz (ISMA-Methode) und einem Jahreszinssatz (Methode nach der Preisangabenverordnung). Zweitens entspricht dann jeder Kupontermin einem Laufzeitjahresende, was bedeutet, daß bei der Methode nach der Preisangabenverordnung keine lineare Aufzinsung mehr notwendig ist. Außerdem fallen dann bei der Methode nach der Preisangabenverordnung die linearen Auf- und Abzinsungen der innerhalb der gebrochenen Restlaufzeit in Jahren anfallenden Rückflüsse weg. Die Methode nach der Preisangabenverordnung zinst somit (wie die ISMA-Methode) sämtliche Rückflüsse exponentiell ab.

In den anderen Fällen ist die ISMA-Rendite höher oder niedriger als die Rendite nach der Preisangabenverordnung.

BEISPIEL 35: Rendite nach der ISMA vs. Rendite nach der Preisangabenverordnung

Die beschriebenen Effekte lassen sich wieder anhand einiger Anleihen (mit endfälliger Tilgung zum Nominale) demonstrieren:

Nettokurs	Nominal-verzinsung	Restlaufzeit (in Jahren)	Kupon-häufigkeit	ISMA-Rendite	PAngV-Rendite	Rendite-differenz
99	8 %	4,00	1	8,304 %	8,304 %	+0,000 %
99	8 %	3,50	2	8,509 %	8,489 %	+0,020 %
99	8 %	3,50	1	8,314 %	8,297 %	+0,017 %
99	8 %	1,00	2	8,274 %	8,278 %	-0,004 %

Die erste Zeile zeigt, daß die beiden Renditen gleich sind, wenn eine Anleihe mit jährlicher Verzinsung zu einem Kupontermin bewertet wird. Die restlichen Zeilen beweisen, daß in den übrigen Fällen die ISMA-Rendite kleiner oder größer als die Rendite nach der Preisangabenverordnung sein kann.

3.2.6.2.5 Rendite nach Moosmüller vs. Amerikanische Rendite

Die Moosmüller-Methode und die Amerikanische Methode führen zum **gleichen Ergebnis**, wenn eine Anleihe mit **jährlicher Verzinsung** bewertet wird.

Jährliche Verzinsung ist eine Voraussetzung, da in diesem Fall kein Unterschied zwischen einem Periodenzinssatz (Moosmüller-Methode) und einem Jahreszinssatz (Amerikanische Methode) besteht. Außerdem stimmen dann im Bereich der ganzzahligen Restlaufzeit in Kuponperioden die stufenweise lineare

Abzinsung (bei der Amerikanischen Methode) und die exponentielle Abzinsung (bei der Moosmüller-Methode) überein.

Während der gebrochenen Restlaufzeit in Kuponperioden zinsen beide Methoden ohnehin gleich ab (nämlich linear). Daher ist es auch nicht notwendig, daß die Bewertung zu einem Kupontermin erfolgt.

Bei Anleihen mit **unterjähriger Verzinsung** ist die **Moosmüller-Rendite höher als die Amerikanische Rendite**, da während der ganzzahligen Restlaufzeit in Kuponperioden die stufenweisen linearen Abzinsungen um jeweils 1/m Jahr (beim Vergleich dieser beiden Methoden identisch mit 1/m Zinsperiode) bei der Amerikanischen Methode im Vergleich zu den exponentiellen Abzinsungen der Moosmüller-Methode renditemindernd wirken. Der Unterschied im Ergebnis ist umso größer, je mehr Kupontermine pro Jahr die Anleihe hat.

BEISPIEL 36: Rendite nach Moosmüller vs. Amerikanische Rendite

Die folgende Tabelle zeigt die Renditen nach der Moosmüller-Methode und nach der Amerikanischen Methode für einige Anleihen (mit endfälliger Tilgung zum Nominale):

Netto-kurs	Nominal-verzinsung	Restlaufzeit (in Jahren)	Kupon-häufigkeit	Moosmüller-Rendite	Amerikanische Rendite	Rendite-differenz
99	8 %	4,0	1	8,304 %	8,304 %	+0,000 %
99	8 %	3,5	1	8,286 %	8,286 %	+0,000 %
99	8 %	3,5	2	8,509 %	8,335 %	+0,174 %
99	8 %	3,5	4	8,596 %	8,332 %	+0,264 %

Die ersten beiden Zeilen zeigen die Übereinstimmung in den Renditen bei Bewertung von Anleihen mit jährlicher Verzinsung. Zeile 3 und 4 veranschaulichen, daß bei Anleihen mit unterjähriger Verzinsung die Moosmüller-Rendite höher als die Amerikanische Rendite ist und daß der Unterschied umso größer ist, je mehr Kupontermine pro Jahr die Anleihe aufweist.

3.2.6.2.6 Rendite nach Moosmüller vs. Rendite nach Braeß/Fangmeyer

Bei Anleihen mit **jährlicher Verzinsung** ist die Rendite nach Moosmüller **identisch** mit jener nach Braeß/Fangmeyer. Dann gibt es nämlich keinen Unterschied zwischen einem Periodenzinssatz (Moosmüller-Methode) und einem Jahreszinssatz (Braeß/Fangmeyer-Methode). Da jeder Kupontermin ein Hauptfälligkeitstermin ist, ist bei der Methode nach Braeß/Fangmeyer - ebenso wie bei jener nach Moosmüller - jeder Kupontermin ein Zinszuschlagstermin. Dadurch entfallen bei der Braeß/Fangmeyer-Methode die linearen Aufzinsungen, und jeder Rückfluß wird direkt exponentiell zum Beginn der ganzzahligen Restlaufzeit in Jahren abgezinst. Von dort erfolgt dann eine lineare Abzinsung zum Bewertungsstichtag. Bei der Moosmüller-Methode wird jeder Rückfluß exponentiell zum Beginn der ganzzahligen Restlaufzeit in Kuponperioden abgezinst. Von dort erfolgt dann eine lineare Abzinsung zum Bewertungsstichtag. Da bei Anleihen mit jährlicher Verzinsung der Beginn der ganzzahligen Restlaufzeit in Jahren identisch mit dem Beginn der ganzzahligen Restlaufzeit in Kuponperioden ist, zinsen beide Methoden im gleichen Bereich exponentiell bzw. linear ab. Daraus resultiert die Übereinstimmung in den Ergebnissen.

Bei **Anleihen mit unterjähriger Verzinsung** kann die Moosmüller-Rendite höher oder niedriger als jene nach Braeß/Fangmeyer sein.

BEISPIEL 37: Rendite nach Moosmüller vs. Rendite nach Braeß/Fangmeyer

Für die nachstehenden Anleihen (mit endfälliger Tilgung zum Nominale) wurden die Renditen nach Moosmüller und nach Braeß/Fangmeyer berechnet:

Nettokurs	Nominalverzinsung	Restlaufzeit (in Jahren)	Kuponhäufigkeit	Moosmüller-Rendite	Braeß/ Fangmeyer-Rendite	Renditedifferenz
99	8 %	4,0	1	8,304 %	8,304 %	+0,000 %
99	8 %	3,5	1	8,286 %	8,286 %	+0,000 %
99	8 %	3,5	2	8,509 %	8,483 %	+0,026 %
99	8 %	3,5	4	8,596 %	8,571 %	+0,025 %
99	8 %	1,0	2	9,274 %	9,278 %	-0,004 %

Die ersten beiden Zeilen demonstrieren, daß bei der Bewertung von Anleihen mit jährlicher Verzinsung die beiden Renditen gleich sind. Die übrigen Zeilen beweisen, daß in allen anderen Fällen die Moosmüller-Rendite sowohl höher als auch niedriger als jene nach Braeß/Fangmeyer sein kann.

3.2.6.2.7 Rendite nach Moosmüller vs. Rendite nach der Preisangabenverordnung

Diese beiden Methoden führen zum **gleichen Ergebnis**, wenn eine Anleihe mit **jährlicher Verzinsung zu einem Kupontermin bewertet** wird. Dann gibt es nämlich keinen Unterschied zwischen einem Periodenzinssatz (Moosmüller-Methode) und einem Jahreszinssatz (Methode nach der Preisangabenverordnung). Außerdem existiert in diesem Fall keine gebrochene Restlaufzeit in Kuponperioden, weshalb die Moosmüller-Methode sämtliche Rückflüsse exponentiell zum Bewertungsstichtag abzinst. Darüber hinaus ist dann auch bei der Methode nach der Preisangabenverordnung jeder Kupontermin ein Zinszuschlagstermin, und es gibt keine gebrochene Restlaufzeit in Jahren, weshalb auch die Methode nach der Preisangabenverordnung sämtliche Rückflüsse direkt exponentiell zum Bewertungsstichtag abzinst. Da beide Methoden identisch abzinsen, ist die Übereinstimmung im Ergebnis klar.

Diese beiden Methoden ergeben auch die **gleiche Rendite**, wenn eine **Anleihe mit jährlicher Verzinsung zwischen dem vorletzten und dem letzten Kupontermin bewertet** wird (d. h. eine Restlaufzeit von weniger als einer Kuponperiode aufweist). Dann gibt es nämlich nur noch einen Rückfluß, und beide Methoden zinsen diesen Rückfluß linear zum Bewertungsstichtag ab.

In allen anderen Fällen kann die Moosmüller-Rendite höher oder niedriger als jene nach der Preisangabenverordnung sein.

BEISPIEL 38: Rendite nach Moosmüller vs. Rendite nach der Preisangabenverordnung

Die folgende Tabelle zeigt die Renditen für einige Anleihen (mit endfälliger Tilgung zum Nominale) nach der Moosmüller-Methode und nach der Methode der Preisangabenverordnung:

Netto-kurs	Nominal-verzinsung	Restlaufzeit (in Jahren)	Kupon-häufigkeit	Moosmüller-Rendite	PAngV-Rendite	Rendite-differenz
99	8 %	4,0	1	8,304 %	8,304 %	+0,000 %
99	8 %	0,25	1	11,429 %	11,429 %	+0,000 %
99	8 %	3,5	1	8,286 %	8,297 %	-0,011 %
99	8 %	3,5	2	8,509 %	8,489 %	+0,020 %

Die erste Zeile zeigt, daß kein Unterschied zwischen den Renditen besteht, wenn eine Anleihe mit jährlicher Verzinsung zu einem Kupontermin beurteilt wird. Zeile 2 veranschaulicht die Ergebnisübereinstimmung bei Bewertung einer Anleihe mit jährlicher Verzinsung zwischen dem vorletzten und dem letzten Kupontermin. Die restlichen beiden Zeilen beweisen, daß in den übrigen Fällen die Moosmüller-Rendite sowohl höher als auch niedriger als die Rendite nach der Preisangabenverordnung sein kann.

3.2.6.2.8 Amerikanische Rendite vs. Rendite nach Braeß/Fangmeyer

Diese beiden Methoden bringen das **gleiche Ergebnis**, wenn eine Anleihe mit **jährlicher Verzinsung bewertet** wird. Dann ist nämlich jeder Kupontermin ein Hauptfälligkeitstermin und somit Zinszuschlagstermin bei der Braeß/Fangmeyer-Methode. Daher gibt es bei der Braeß/Fangmeyer-Methode keine linearen Aufzinsungen, sondern jeder Rückfluß wird stufenweise um jeweils ein Jahr (exponentiell) bis zum ersten Kupontermin abgezinst. Bei der Amerikanischen Methode wird jeder Rückfluß stufenweise linear bis hin zum ersten Kupontermin abgezinst. Die Abzinsungsdauer beträgt jeweils ein Jahr (beim Vergleich dieser beiden Methoden identisch mit einer Zinsperiode). Deshalb kommt diese stufenweise lineare Abzinsung einer exponentiellen Abzinsung gleich. Vom ersten Kupontermin bis zum Bewertungsstichtag erfolgt bei beiden Methoden eine lineare Abzinsung. Deshalb zinsen beide Methoden sämtliche Rückflüsse gleich ab, weshalb sie zum gleichen Ergebnis führen.

Eine weitere **Ergebnisgleichheit** ergibt sich, wenn eine Anleihe **zwischen dem vorletzten und dem letzten Kupontermin bewertet** wird (Restlaufzeit unter einer Kuponperiode). Dann zinsen nämlich beide Methoden den Rückfluß vom letzten Kupontermin bis zum Bewertungsstichtag linear ab.

Bei Anleihen mit **unterjähriger Verzinsung**, die **vor dem vorletzten Kupontermin bewertet** werden, ist die **Rendite nach der Braeß/Fangmeyer-Methode stets höher als die Rendite nach der Amerikanischen Methode.** Dieser Umstand liegt darin begründet, daß die lineare Aufzinsung der zu den Nebenfälligkeitsterminen anfallenden Rückflüsse und deren nachfolgende exponentielle Abzinsung (bei der Braeß/Fangmeyer-Methode) im Vergleich zur direkten linearen Abzinsung (bei der Amerikanischen Methode) renditeerhöhend wirkt. Der Unterschied in der Rendite ist umso größer, je mehr Kupontermine pro Jahr anfallen.

BEISPIEL 39: Amerikanische Rendite vs. Rendite nach Braeß/Fangmeyer

Die folgende Tabelle zeigt wieder für einige ausgewählte Anleihen (mit endfälliger Tilgung zum Nominale) die Amerikanische Rendite und jene nach Braeß/Fangmeyer:

Nettokurs	Nominalverzinsung	Restlaufzeit (in Jahren)	Kuponhäufigkeit	Amerikanische Rendite	Braeß/ Fangmeyer-Rendite	Renditedifferenz
99	8 %	3,50	1	8,286 %	8,286 %	+0,000 %
99	8 %	0,25	2	11,881 %	11,881 %	+0,000 %
99	8 %	3,50	2	8,335 %	8,483 %	-0,148 %
99	8 %	3,50	4	8,332 %	8,571 %	-0,239 %

Die erste Zeile veranschaulicht die Übereinstimmung der Renditen bei Anleihen mit jährlicher Verzinsung. Zeile 2 zeigt, daß diese Methoden auch zur gleichen Rendite führen, wenn die Anleihe zwischen dem vorletzten und dem letzten

Kupontermin bewertet wird. Zeile 3 und 4 demonstrieren, daß in den übrigen Fällen die Braeß/Fangmeyer-Rendite höher als die Amerikanische Rendite ist und daß dieser Unterschied umso größer ist, je mehr Kupontermine pro Jahr die Anleihe aufweist.

3.2.6.2.9 Amerikanische Rendite vs. Rendite nach der Preisangabenverordnung

Die Amerikanische Rendite und die Rendite nach der Preisangabenverordnung sind **identisch**, wenn eine Anleihe mit **jährlicher Verzinsung zu** einem **Kupontermin** bewertet wird. In diesem Fall zinsen nämlich beide Methoden sämtliche Rückflüsse exponentiell ab.

Bei der Methode nach der Preisangabenverordnung ist dann keine lineare Aufzinsung der Rückflüsse bis zum nächsten Laufzeitjahresende notwendig, weil die Kombination aus jährlicher Verzinsung und Bewertung zu einem Kupontermin bewirkt, daß jeder Kupontermin ein Laufzeitjahresende (und damit ein Zinszuschlagstermin) ist. Daher werden sämtliche Rückflüsse bei der Methode nach der Preisangabenverordnung exponentiell zum Bewertungsstichtag abgezinst. Bei der Amerikanischen Methode werden alle Rückflüsse stufenweise linear abgezinst. Diese stufenweisen linearen Abzinsungen entsprechen jedoch bei einer Verzinsungsdauer von jeweils einem Jahr (beim Vergleich dieser beiden Methoden identisch mit einer Zinsperiode) exponentiellen Abzinsungen.

Die Amerikanische Rendite und die Rendite nach der Preisangabenverordnung **stimmen** auch **überein**, wenn eine **Anleihe zwischen dem vorletzten und dem letzten Kupontermin bewertet** wird (Restlaufzeit unter einer Kuponperiode), weil dann beide Methoden den letzten Rückfluß vom letzten Kupontermin bis zum Bewertungsstichtag linear abzinsen.

In allen **anderen Fällen** ist die Rendite nach der **Preisangabenverordnung stets höher als die Amerikanische Rendite**, da die direkte lineare Abzinsung bei der Amerikanischen Methode im Vergleich zur linearen Aufzinsung mit nachfolgender exponentieller Abzinsung bei der Methode nach der Preisangabenverordnung renditemindernd wirkt. Der Unterschied ist umso größer, je mehr Kupontermine pro Jahr die Anleihe aufweist.

BEISPIEL 40: Amerikanische Rendite vs. Rendite nach der Preisangabenverordnung

Die zuvor beschriebenen Renditerelationen lassen sich anhand einiger Anleihen (mit endfälliger Tilgung zum Nominale) zeigen:

Netto-kurs	Nominal-verzinsung	Restlaufzeit (in Jahren)	Kupon-häufigkeit	Amerikanische Rendite	PAngV-Rendite	Rendite-differenz
99	8 %	4,00	1	8,304 %	8,304 %	+0,000 %
99	8 %	0,25	2	11,881 %	11,881 %	+0,000 %
99	8 %	3,50	1	8,286 %	8,297 %	-0,011 %
99	8 %	3,50	2	8,335 %	8,489 %	-0,154 %
99	8 %	3,50	4	8,332 %	8,577 %	-0,245 %

Die erste Zeile veranschaulicht die Übereinstimmung der beiden Renditen bei Bewertung von Anleihen mit jährlicher Verzinsung zu einem Kupontermin. Die zweite Zeile zeigt, daß diese Methoden auch zur gleichen Rendite führen, wenn die Anleihe zwischen dem vorletzten und dem letzten Kupontermin bewertet wird. Die restlichen Zeilen demonstrieren, daß in den übrigen Fällen die Rendite nach der Preisangabenverordnung höher als die Amerikanische Rendite ist und daß dieser Unterschied umso größer ist, je mehr Kupontermine pro Jahr die Anleihe aufweist.

3.2.6.2.10 Rendite nach Braeß/Fangmeyer vs. Rendite nach der Preisangabenverordnung

Der einzige Unterschied zwischen diesen beiden Methoden besteht darin, daß die gebrochene Restlaufzeit in Jahren bei der Braeß/Fangmeyer-Methode an den Beginn und bei der Methode nach der Preisangabenverordnung an das Ende der gesamten Restlaufzeit gelegt wird. Da es bei einer **Bewertung zu einem Hauptfälligkeitstermin** keine gebrochene Restlaufzeit in Jahren gibt, ist die Rendite nach der Preisangabenverordnung in diesem Fall **identisch** mit der Rendite nach Braeß/Fangmeyer.

Außerdem führen beide Methoden zum **gleichen Ergebnis**, wenn die **Restlaufzeit der Anleihe kürzer als ein Jahr** ist, weil dann irrelevant ist, ob die gebrochene Restlaufzeit in Jahren an den Beginn oder an das Ende der Restlaufzeit gelegt wird.

In allen **anderen Fällen** ist die **Rendite nach der Preisangabenverordnung stets höher als die Rendite nach Braeß/Fangmeyer**, da bei der Methode nach der Preisangabenverordnung die Zinsen später zugeschlagen werden (und somit über einen längeren Zeitraum linear aufgezinst wird) als bei der Methode nach Braeß/Fangmeyer.

BEISPIEL 41: Rendite nach Braeß/Fangmeyer vs. Rendite nach der Preisangabenverordnung

Die nachstehende Tabelle zeigt die beschriebenen Relationen anhand einiger Anleihen (mit endfälliger Tilgung zum Nominale):

Nettokurs	Nominalverzinsung	Restlaufzeit (in Jahren)	Kuponhäufigkeit	Braeß/ Fangmeyer-Rendite	PAngV-Rendite	Renditedifferenz
99	8 %	4,00	1	8,304 %	8,304 %	+0,000 %
99	8 %	4,00	2	8,475 %	8,475 %	+0,000 %
99	8 %	0,75	2	9,492 %	9,492 %	+0,000 %
99	8 %	3,50	1	8,286 %	8,297 %	-0,011 %
99	8 %	3,50	2	8,483 %	8,489 %	-0,006 %

Die ersten beiden Zeilen demonstrieren, daß die beiden Renditen gleich sind, wenn eine Anleihe zu einem Hauptfälligkeitstermin bewertet wird. Zeile 3 veranschaulicht die Ergebnisübereinstimmung bei Anleihen mit einer Restlaufzeit von unter einem Jahr. Zeile 4 und 5 zeigen, daß in den anderen Fällen die Rendite nach der Preisangabenverordnung stets höher als jene nach Braeß/Fangmeyer ist.

3.2.6.2.11 Zusammenfassung

Die Inhalte des vorigen Kapitels lassen sich anhand von zwei Tabellen zusammenfassen:

Tabelle 2 zeigt die möglichen größenmäßigen Beziehungen der Renditen nach den einzelnen Methoden im paarweisen Vergleich:

Tabelle 2: Ergebnisvergleich zwischen jeweils zwei Renditemethoden

	Moosmüller	Amerikanisch	Braeß/Fangmeyer	PAngV
ISMA	≥	≥	< = >	< = >
Moosmüller		≥	< = >	< = >
Amerikanisch			≤	≤
Braeß/Fangmeyer				≤

Erklärung:

≥ Die Methode in dieser **Zeile** kann **sowohl eine höhere als auch eine gleich hohe Rendite als/wie** die Methode in dieser **Spalte** ergeben. (z. B.: ISMA-Rendite ≥ Moosmüller-Rendite)

≤ Die Methode in dieser **Zeile** kann **sowohl eine geringere als auch eine gleich hohe Rendite als/wie** die Methode in dieser **Spalte** ergeben. (z. B.: Braeß/Fangmeyer-Rendite ≤ PAngV-Rendite)

< = > Die Methode in dieser **Zeile** kann eine **geringere, eine gleich hohe oder eine höhere Rendite als/wie** die Methode in dieser **Spalte** ergeben. (z. B.: Die ISMA-Rendite kann geringer als/gleich hoch wie/höher als die Rendite nach der Preisangabenverordnung sein.)

Tabelle 3 faßt noch einmal zusammen, wann die Renditen nach zwei Methoden gleich sind.

Tabelle 3: Ergebnisidentitäten zwischen jeweils zwei Renditemethoden

Verglichene Methoden	Konstellation, die zur Ergebnisidentität führt
ISMA vs. Moosmüller	Bewertung zu einem Kupontermin
ISMA vs. Amerikanisch	Anleihe mit jährlicher Verzinsung Bewertung zu einem Kupontermin
ISMA vs. Braeß/Fangmeyer	Anleihe mit jährlicher Verzinsung Bewertung zu einem Kupontermin
ISMA vs. PAngV	Anleihe mit jährlicher Verzinsung Bewertung zu einem Kupontermin
Moosmüller vs. Amerikanisch	Anleihe mit jährlicher Verzinsung
Moosmüller vs. Braeß/Fangmeyer	Anleihe mit jährlicher Verzinsung
Moosmüller vs. PAngV	a) Anleihe mit jährlicher Verzinsung Bewertung zu einem Kupontermin b) Anleihe mit jährlicher Verzinsung Restlaufzeit < 1 Kuponperiode
Amerikanisch vs. Braeß/Fangmeyer	a) Anleihe mit jährlicher Verzinsung b) Restlaufzeit < 1 Kuponperiode
Amerikanisch vs. PAngV	a) Anleihe mit jährlicher Verzinsung Bewertung zu einem Kupontermin b) Restlaufzeit < 1 Kuponperiode
Braeß/Fangmeyer vs. PAngV	a) Bewertung zu einem Hauptfälligkeitstermin b) Restlaufzeit < 1 Jahr

Erklärung:

Wenn **Bedingung a) und Bedingung b)** angeführt sind, stimmen die Renditen bereits überein, sobald **entweder a) oder b)** erfüllt ist (z. B. Vergleich der Braeß/Fangmeyer-Rendite mit der Rendite nach der Preisangabenverordnung: Übereinstimmung bei Bewertung zu einem Hauptfälligkeitstermin **oder** bei Anleihen mit einer Restlaufzeit von weniger als einem Jahr).

Sind zwei Bedingungen **nicht durch a) und b)** getrennt, so müssen **beide gleichzeitig** erfüllt sein (z. B. Vergleich der ISMA-Rendite mit der Amerikanischen Rendite: Übereinstimmung bei Beurteilung einer Anleihe mit jährlicher Verzinsung **und** Bewertung zu einem Kupontermin, d. h. bei Bewertung von Anleihen mit jährlicher Verzinsung zu einem Kupontermin).

Aus Tabelle 3 läßt sich folgern, daß sämtliche fünf Methoden die gleiche Rendite ergeben, wenn eine Anleihe mit **jährlicher Verzinsung** genau **zu einem Kupontermin bewertet** wird.

3.3 SPEZIALFÄLLE

In Kapitel 3.2 wurde für jede der fünf beschriebenen Renditemethoden eine sehr flexible Renditegleichung entwickelt. Diese fünf Gleichungen können in einer Vielzahl von Fällen verwendet werden. Sie haben jedoch den Nachteil einer sehr komplexen Gleichungsstruktur.

Kapitel 3.3 dient dazu, ausgehend von diesen flexiblen Renditegleichungen handlichere Gleichungen für einige „Spezialfälle" herzuleiten. Der Ausdruck „Spezialfall" soll nicht zu dem Trugschluß verleiten, daß es sich dabei um besonders seltene Situationen handeln muß. Dieser Begriff wurde vielmehr gewählt, weil in diesen Fällen bestimmte Variablen in den flexiblen Renditegleichungen spezielle Werte annehmen und die Renditegleichungen deshalb entsprechend modifiziert und vereinfacht werden können.

Kapitel 3.3.1 untersucht zunächst, welche Modifikationen für bestimmte Spezialfälle möglich sind. Anschließend werden diese Vorarbeiten verwendet, um in Kapitel 3.3.2 für sechs häufig vorkommende Szenarien handliche Renditegleichungen zu entwickeln.

3.3.1 Modifikationsmöglichkeiten

3.3.1.1 Spezialfälle hinsichtlich des Bewertungszeitpunktes

3.3.1.1.1 Bewertung zu einem Kupontermin

Erfolgt die Bewertung genau zu einem Kupontermin, so ist die Restlaufzeit in Kuponperioden ganzzahlig, und die gebrochene Restlaufzeit in Kuponperioden ist 0.

Dann gilt, wie aus Abschnitt 2 bekannt, daß einerseits die Variable tg genau der Anzahl der Tage in einer Kuponperiode entspricht und andererseits die Stückzinsen null betragen, weshalb der Bruttokurs identisch mit dem Nettokurs ist.

Somit ergeben sich folgende Variablenbelegungen für diesen Spezialfall:

$$tg = \frac{360}{m}$$
$$SZ = 0$$
$$P_{0,B} = P_{0,N}$$

3.3.1.1.2 Bewertung zu einem Hauptfälligkeitstermin

Dieser Fall ist vor allem bei den Methoden nach Braeß/Fangmeyer und nach der Preisangabenverordnung von Bedeutung. Da ein Hauptfälligkeitstermin immer auch ein Kupontermin ist, treffen natürlich sämtliche Aussagen für den Spezialfall „Bewertung zu einem Kupontermin" zu:

$$tg = \frac{360}{m}$$
$$SZ = 0$$
$$P_{0,B} = P_{0,N}$$

Darüber hinaus gilt, daß die Restlaufzeit in Jahren ganzzahlig ist. Daher ist die gesamte Restlaufzeit in Jahren identisch mit der ganzzahligen Restlaufzeit in Jahren, und es existiert keine gebrochene Restlaufzeit in Jahren:

$$Jahre = Jahre_{ab}$$
$$gebrLZ_J = 0$$

Daher kann es natürlich auch keine Kuponperiode innerhalb der gebrochenen Restlaufzeit in Jahren geben:

$$z = 0$$

Aus diesem Grund erhält man bei den Methoden nach Braeß/Fangmeyer und nach der Preisangabenverordnung für den Barwert der innerhalb der gebrochenen Restlaufzeit in Jahren anfallenden Rückflüsse eine Summe mit der Untergrenze von 1 und der Obergrenze von 0. Für eine solche Summe ist der Wert 0 anzusetzen.[13)]

3.3.1.1.3 Bewertung bei Emission

Wird die Anleihe anläßlich der Emission bewertet, so handelt es sich bei der **Rest**laufzeit (in Jahren bzw. in Kuponperioden) um die gesamte Laufzeit der Anleihe (ausgedrückt in Jahren bzw. in Kuponperioden).

Sofern die Laufzeit der Anleihe - wie allgemein üblich - eine ganze Anzahl von Jahren beträgt, gelten außerdem sämtliche Ausführungen zum Spezialfall „Bewertung zu einem Hauptfälligkeitstermin“:

$$tg = \frac{360}{m}$$

$$SZ = 0$$

$$P_{0,B} = P_{0,N}$$

$$Jahre = Jahre_{ab}$$

$$gebrLZ_J = 0$$

$$z = 0$$

3.3.1.1.4 Bewertung zwischen dem vorletzten und dem letzten Hauptfälligkeitstermin

Dieser Spezialfall ist eher selten. Wird eine Anleihe zwischen dem vorletzten und dem letzten Hauptfälligkeitstermin bewertet, ist die Restlaufzeit kürzer als ein Jahr. Die ganzzahlige Restlaufzeit in Jahren ist daher 0. Die gebrochene Restlaufzeit in Jahren ist identisch mit der gesamten Restlaufzeit in Jahren:

$$Jahre_{ab} = 0$$

$$gebrLZ_J = Jahre$$

[13] Dies läßt sich auch logisch nachvollziehen: Da es keine gebrochene Restlaufzeit in Jahren gibt, kann während der gebrochenen Restlaufzeit in Jahren auch kein Rückfluß anfallen, weshalb der Barwert der innerhalb der gebrochenen Restlaufzeit in Jahren anfallenden Rückflüsse 0 ist.

Die aufgerundete Anzahl der Kuponperioden innerhalb der gebrochenen Restlaufzeit in Jahren ist deshalb gleich der aufgerundeten Restlaufzeit in Kuponperioden:

$$z = RLZ_{auf}$$

Außerdem ist zu beachten, daß bei den Methoden nach Braeß/Fangmeyer und nach der Preisangabenverordnung die Summen für den Barwert der Rückflüsse innerhalb der ganzzahligen Restlaufzeit in Jahren 0 ergeben, da die Untergrenze 1 und die Obergrenze 0 ist.[14)]

3.3.1.1.5 Bewertung zwischen dem vorletzten und dem letzten Kupontermin

Dieser Spezialfall ist noch seltener als der vorige. Er impliziert eine Bewertung zwischen dem vorletzten und dem letzten Hauptfälligkeitstermin. Daher gilt:

$$\begin{aligned} Jahre_{ab} &= 0 \\ gebrLZ_J &= Jahre \\ z &= RLZ_{auf} \end{aligned}$$

Darüber hinaus ist bei einer Bewertung zwischen dem vorletzten und dem letzten Kupontermin die Restlaufzeit kürzer als eine Kuponperiode. Die aufgerundete Restlaufzeit in Kuponperioden (und damit auch die aufgerundete Anzahl der Kuponperioden innerhalb der gebrochenen Restlaufzeit in Jahren) ist daher 1:

$$z = RLZ_{auf} = 1$$

Während der gesamten Restlaufzeit gibt es nur noch einen einzigen Kupontermin. Der Investor erhält die gesamte Tilgung zu diesem Kupontermin:

$$T_1 = 100$$

[14] Der Barwert von 0 ist verständlich, da in diesem Fall keine ganzzahlige Restlaufzeit in Jahren existiert.

Da es nur noch einen einzigen Rückfluß gibt, entfällt bei sämtlichen Methoden die Notwendigkeit der Summenbildung. Deshalb ist die Renditegleichung explizit lösbar. Eine Lösung auf iterativem Wege ist nicht erforderlich.

3.3.1.2 Spezialfälle hinsichtlich der Tilgungsmodalitäten

3.3.1.2.1 Konstanter Tilgungsanteil

Diese Tilgungsstruktur impliziert, daß zu jedem Kupontermin in gleichem Maße getilgt wird. Die gesamte Tilgung (100 %) teilt sich gleichmäßig auf die Anzahl der während der Restlaufzeit noch anfallenden Kupontermine (RLZ_{auf}) auf. Der konstante Tilgungsanteil T_{konst} läßt sich daher wie folgt berechnen:

$$T_{konst} = \frac{100}{RLZ_{auf}}$$

Diese Konstanz der Tilgungsanteile bringt den Vorteil, daß bei den Renditegleichungen eine Summe wegfällt:

$$\sum_{x=1}^{OG} \frac{T_x}{100} = OG \cdot \frac{T_{konst}}{100}$$

Ist zum Beispiel die Summenobergrenze (t-1) - wie bei der ISMA-Methode, der Moosmüller-Methode und der Amerikanischen Methode -, so wird die Summe zu

$$(t-1) \cdot \frac{T_{konst}}{100}$$

3.3.1.2.2 Tilgungsfreie Perioden am Beginn

Bei f tilgungsfreien Perioden am Beginn der Restlaufzeit bekommen die ersten f Tilgungsanteile den Wert 0:

$$T_t = 0 \qquad \text{für } t \leq f$$

3.3.1.2.3 Endfällige Tilgung

Anleihen mit endfälliger Tilgung stellen einen Spezialfall von Anleihen mit tilgungsfreien Perioden am Beginn der Restlaufzeit dar. Die Tilgungsanteile für sämtliche Kupontermine, mit Ausnahme des letzten (jener mit der Nummer RLZ_{auf}), betragen 0. Der Tilgungsanteil für den letzten Kupontermin ist 100.

$$T_t = 0 \qquad \text{für } t = 0, 1, 2, \ldots, RLZ_{auf} - 1$$
$$T_{RLZ_{auf}} = 100$$

Somit kann keine vorzeitige Tilgung die Basis für die Kuponzahlungen verringern. Der Faktor

$$\left(1 - \sum \frac{T_x}{100}\right)$$

kann daher in den Renditegleichungen entfallen.

Bei endfälligen Anleihen läßt sich zusätzlich ein bedeutender rechentechnischer Vorteil zunutze machen: Man trennt zunächst gedanklich die Rückflüsse in Kuponzahlungen und Tilgungszahlung. Da die Kuponzahlungen über die gesamte Restlaufzeit in Höhe von p/m konstant sind, kann man deren Barwert mittels Rentenbarwertfaktor berechnen. Der Ersatz der Barwertsumme durch Multiplikation mit dem Rentenbarwertfaktor funktioniert folgendermaßen:

$$\sum_{t=1}^{OG} \frac{\frac{p}{m}}{(1+i)^t} = \frac{p}{m} \cdot \frac{(1+i)^{OG} - 1}{i \cdot (1+i)^{OG}}$$

3.3.1.2.4 Tilgung(en) zum Nominale

Für diesen (sehr häufig vorkommenden) Fall gilt:

$$TK_t = 100 \qquad \text{für } t \leq f$$

Aus diesem Grund kann in den Renditegleichungen die Multiplikation mit dem Faktor $TK_t/100$ entfallen.

3.3.1.3 Spezialfälle hinsichtlich der Kuponhäufigkeit

3.3.1.3.1 Anleihen mit jährlicher Verzinsung

Anleihen mit jährlicher Verzinsung sind in Deutschland und Österreich der Standardfall. Der Umstand, daß es nur einen Kupon pro Jahr gibt (m = 1), hat folgende Auswirkungen:

1) Der Kupon ist ein Jahreskupon und entspricht (bei einem angenommenen Nominale von 100) der jährlichen Nominalverzinsung:

$$\frac{p}{m} = p$$

2) Eine Kuponperiode ist identisch mit einem Jahr. Daher fällt bei den einzelnen Restlaufzeiten (gesamte, ganzzahlige, gebrochene) auch die Unterscheidung zwischen „ausgedrückt in Jahren" und „ausgedrückt in Kuponperioden" weg.

3) Da eine Kuponperiode einem Jahr entspricht, kann die Variable z (aufgerundete Anzahl der Kuponperioden innerhalb der gebrochenen Restlaufzeit in Jahren) auch nur die Werte 0 oder 1 annehmen:

   z = 0, wenn die Anleihe genau zu einem Kupontermin bewertet wird
   z = 1, wenn die Anleihe zwischen zwei Kuponterminen bewertet wird

4) Periodenrendite und Jahresrendite sind identisch:

$$i_{e,m} = i_{e(p.a.)}$$

   Dies hat den rechentechnischen Vorteil, daß nun bei keiner Methode mehr eine Umrechnung von einer Periodenrendite in eine Jahresrendite vorgenommen werden muß.

3.3.2 Exemplarische Darstellung der häufigsten Szenarien

Durch die beschriebenen Umformungen ist es möglich, die flexiblen Renditegleichungen aus Kapitel 3.2 für die angeführten Spezialfälle zu modifizieren.

Selbstverständlich sind auch **Kombinationen** der aufgezählten Spezialfälle denkbar. So ist z. B. vorstellbar, daß eine endfällige Anleihe mit jährlicher Verzinsung und Tilgung zum Nominale zu einem Hauptfälligkeitstermin bewertet wird. Die Variablen müssen dann gemäß allen in der Kombination enthaltenen Spezialfällen belegt werden. Die Renditegleichungen lassen sich so stark vereinfachen.

Um dem Leser diesen Aufwand teilweise zu ersparen, enthält dieses Kapitel eine Aufstellung der Renditegleichungen nach den fünf Methoden für die häufigsten Kombinationen von Spezialfällen. Dies soll dem Anwender einfache Renditegleichungen für die wichtigsten Kombinationen - dargestellt anhand von sechs Szenarien - zur Verfügung stellen.

3.3.2.1 Szenario 1: Anleihe mit endfälliger Tilgung

Dieses Szenario entspricht dem Spezialfall 3.3.1.2.3. Es können daher an den fünf flexiblen Renditegleichungen die in Kapitel 3.3.1.2.3 aufgezählten Modifikationen (Weglassen jenes Faktors, der Kuponverringerungen durch vorzeitige Tilgungen berücksichtigt, Trennung zwischen Kuponzahlungen und Tilgungszahlung, Verwendung des Rentenbarwertfaktors) vorgenommen werden.

3.3.2.1.1 ISMA-Methode

Läßt man, ausgehend von der flexiblen Renditegleichung nach der ISMA-Methode aus Kapitel 3.2, jenen Faktor, der Kuponverringerungen durch vorzeitige Tilgungen berücksichtigt, weg und faßt man die Hochzahlen im Nenner zusammen, so erhält man folgende Gleichung:

$$P_{o,B} = \sum_{t=1}^{RLZ_{auf}} \frac{\frac{p}{m} + T_t \cdot \frac{TK_t}{100}}{\left(1 + i_{e,m}\right)^{t-1+\frac{tg \cdot m}{360}}}$$

Nun können Kuponzahlungen und Tilgungszahlungen getrennt werden:

$$P_{0,B} = \sum_{t=1}^{RLZ_{auf}} \frac{\frac{p}{m}}{\left(1+i_{e,m}\right)^{t-1+\frac{tg\cdot m}{360}}} + \sum_{t=1}^{RLZ_{auf}} \frac{T_t \cdot \frac{TK_t}{100}}{\left(1+i_{e,m}\right)^{t-1+\frac{tg\cdot m}{360}}}$$

Dann wird aus der Summe der abgezinsten Kuponzahlungen herausgehoben:

$$P_{0,B} = \frac{1}{\left(1+i_{e,m}\right)^{-1+\frac{tg\cdot m}{360}}} \cdot \sum_{t=1}^{RLZ_{auf}} \frac{\frac{p}{m}}{\left(1+i_{e,m}\right)^{t}} + \sum_{t=1}^{RLZ_{auf}} \frac{T_t \cdot \frac{TK_t}{100}}{\left(1+i_{e,m}\right)^{t-1+\frac{tg\cdot m}{360}}}$$

Anschließend können zwei wesentliche Umformungen vorgenommen werden: Erstens kann die Summe der abgezinsten Kuponzahlungen durch Multiplikation des Kupons mit dem Rentenbarwertfaktor ersetzt werden. Zweitens läßt sich ausnützen, daß nur ein einziges Mal (nämlich am Ende der Restlaufzeit, d. h. zum Kupontermin RLZ_{auf}) getilgt wird und somit die Barwertsumme der Tilgungen in Wirklichkeit nur aus einem einzigen Summanden besteht.

$$P_{0,B} = \frac{p}{m} \cdot \frac{\left(1+i_{e,m}\right)^{RLZ_{auf}} - 1}{i_{e,m} \cdot \left(1+i_{e,m}\right)^{RLZ_{auf}}} \cdot \frac{1}{\left(1+i_{e,m}\right)^{-1+\frac{tg\cdot m}{360}}} + \frac{T_{RLZ_{auf}} \cdot \frac{TK_{RLZ_{auf}}}{100}}{\left(1+i_{e,m}\right)^{RLZ_{auf}-1+\frac{tg\cdot m}{360}}}$$

Danach wird die Gleichung folgendermaßen modifiziert: Die beiden Faktoren, die mit dem Kupon multipliziert werden, faßt man zusammen. Bezüglich des Ausdrucks für die Tilgungszahlung ist festzuhalten, daß bei endfälliger Tilgung der Tilgungsanteil am Ende der Restlaufzeit 100 beträgt und daher mit dem Nenner des im Zähler befindlichen Bruches gekürzt werden kann:

$$P_{0,B} = \frac{p}{m} \cdot \frac{\left(1+i_{e,m}\right)^{RLZ_{auf}} - 1}{i_{e,m} \cdot \left(1+i_{e,m}\right)^{RLZ_{auf}-1+\frac{tg\cdot m}{360}}} + \frac{TK_{RLZ_{auf}}}{\left(1+i_{e,m}\right)^{RLZ_{auf}-1+\frac{tg\cdot m}{360}}}$$

3.3.2.1.2 Moosmüller-Methode

Eliminiert man, ausgehend von der flexiblen Renditegleichung nach der Moosmüller-Methode aus Kapitel 3.2, jenen Faktor, der Kuponverringerungen durch vorzeitige Tilgungen berücksichtigt, so erhält man:

$$P_{0,B} = \sum_{t=1}^{RLZ_{auf}} \frac{\frac{p}{m} + T_t \cdot \frac{TK_t}{100}}{\left(1+i_{e,m}\right)^{t-1} \cdot \left(1+i_{e,m} \cdot \frac{tg \cdot m}{360}\right)}$$

Nun trennt man die Kuponzahlungen von den Tilgungszahlungen:

$$P_{0,B} = \sum_{t=1}^{RLZ_{auf}} \frac{\frac{p}{m}}{\left(1+i_{e,m}\right)^{t-1} \cdot \left(1+i_{e,m} \cdot \frac{tg \cdot m}{360}\right)} + \sum_{t=1}^{RLZ_{auf}} \frac{T_t \cdot \frac{TK_t}{100}}{\left(1+i_{e,m}\right)^{t-1} \cdot \left(1+i_{e,m} \cdot \frac{tg \cdot m}{360}\right)}$$

Danach empfiehlt es sich wieder, wie folgt herauszuheben:

$$P_{0,B} = \frac{1}{\left(1+i_{e,m}\right)^{-1} \cdot \left(1+i_{e,m} \cdot \frac{tg \cdot m}{360}\right)} \cdot \sum_{t=1}^{RLZ_{auf}} \frac{\frac{p}{m}}{\left(1+i_{e,m}\right)^{t}} + \sum_{t=1}^{RLZ_{auf}} \frac{T_t \cdot \frac{TK_t}{100}}{\left(1+i_{e,m}\right)^{t-1} \cdot \left(1+i_{e,m} \cdot \frac{tg \cdot m}{360}\right)}$$

Anschließend können die gleichen Umformungen wie bei der ISMA-Methode vorgenommen werden: Die Barwertsumme der Kuponzahlungen kann durch Multiplikation mit dem Rentenbarwertfaktor ersetzt werden. Anstelle der Barwertsumme der Tilgungen genügt der letzte Summand.

$$P_{0,B} = \frac{p}{m} \cdot \frac{\left(1+i_{e,m}\right)^{RLZ_{auf}} - 1}{i_{e,m} \cdot \left(1+i_{e,m}\right)^{RLZ_{auf}}} \cdot \frac{1}{\left(1+i_{e,m}\right)^{-1} \cdot \left(1+i_{e,m} \cdot \frac{tg \cdot m}{360}\right)} + \frac{T_{RLZ_{auf}} \cdot \frac{TK_{RLZ_{auf}}}{100}}{\left(1+i_{e,m}\right)^{RLZ_{auf}-1} \cdot \left(1+i_{e,m} \cdot \frac{tg \cdot m}{360}\right)}$$

Durch Zusammenfassen der beiden mit der Kuponzahlung verknüpften Faktoren und Kürzen beim Ausdruck für die Tilgungszahlung läßt sich diese Renditegleichung kürzer fassen:

$$P_{o,B} = \frac{p}{m} \cdot \frac{\left(1+i_{e,m}\right)^{RLZ_{auf}} - 1}{i_{e,m} \cdot \left(1+i_{e,m}\right)^{RLZ_{auf}-1} \cdot \left(1+i_{e,m} \cdot \frac{tg \cdot m}{360}\right)} + \frac{TK_{RLZ_{auf}}}{\left(1+i_{e,m}\right)^{RLZ_{auf}-1} \cdot \left(1+i_{e,m} \cdot \frac{tg \cdot m}{360}\right)}$$

3.3.2.1.3 Amerikanische Methode

Zunächst läßt man, ausgehend von der flexiblen Renditegleichung nach der Amerikanischen Methode aus Kapitel 3.2, jenen Faktor weg, der Kuponverringerungen durch vorzeitige Tilgungszahlungen berücksichtigt:

$$P_{o,B} = \sum_{t=1}^{RLZ_{auf}} \frac{\frac{p}{m} + T_t \cdot \frac{TK_t}{100}}{\left(1+\frac{i_{e(p.a.)}}{m}\right)^{t-1} \cdot \left(1+i_{e(p.a.)} \cdot \frac{tg}{360}\right)}$$

Anschließend trennt man zwischen Kuponzahlungen und Tilgungszahlungen:

$$P_{o,B} = \sum_{t=1}^{RLZ_{auf}} \frac{\frac{p}{m}}{\left(1+\frac{i_{e(p.a.)}}{m}\right)^{t-1} \cdot \left(1+i_{e(p.a.)} \cdot \frac{tg}{360}\right)} + \sum_{t=1}^{RLZ_{auf}} \frac{T_t \cdot \frac{TK_t}{100}}{\left(1+\frac{i_{e(p.a.)}}{m}\right)^{t-1} \cdot \left(1+i_{e(p.a.)} \cdot \frac{tg}{360}\right)}$$

Nun wird bei der Summe der abgezinsten Kuponzahlungen herausgehoben:

$$P_{o,B} = \frac{1}{\left(1+\frac{i_{e(p.a.)}}{m}\right)^{-1} \cdot \left(1+i_{e(p.a.)} \cdot \frac{tg}{360}\right)} \cdot \sum_{t=1}^{RLZ_{auf}} \frac{\frac{p}{m}}{\left(1+\frac{i_{e(p.a.)}}{m}\right)^{t}} + \sum_{t=1}^{RLZ_{auf}} \frac{T_t \cdot \frac{TK_t}{100}}{\left(1+\frac{i_{e(p.a.)}}{m}\right)^{t-1} \cdot \left(1+i_{e(p.a.)} \cdot \frac{tg}{360}\right)}$$

Nach Ersatz der Barwertsumme der Kuponzahlungen durch Multiplikation mit dem Rentenbarwertfaktor bzw. der Barwertsumme der Tilgungen durch den letzten Summanden erhält man:

$$P_{0,B}=\frac{p}{m}\cdot\frac{\left(1+\frac{i_{e(p.a.)}}{m}\right)^{RLZ_{auf}}-1}{\frac{i_{e(p.a.)}}{m}\cdot\left(1+\frac{i_{e(p.a.)}}{m}\right)^{RLZ_{auf}}}\cdot\frac{1}{\left(1+\frac{i_{e(p.a.)}}{m}\right)^{-1}\cdot\left(1+i_{e(p.a.)}\cdot\frac{tg}{360}\right)}+\frac{T_{RLZ_{auf}}\cdot\frac{TK_{RLZ_{auf}}}{100}}{\left(1+\frac{i_{e(p.a.)}}{m}\right)^{RLZ_{auf}-1}\cdot\left(1+i_{e(p.a.)}\cdot\frac{tg}{360}\right)}$$

Die Renditegleichung kann noch durch Zusammenfassung der beiden mit der Kuponzahlung verknüpften Faktoren und Kürzen beim Ausdruck für die Tilgungszahlung vereinfacht werden:

$$P_{0,B}=\frac{p}{m}\cdot\frac{\left(1+\frac{i_{e(p.a.)}}{m}\right)^{RLZ_{auf}}-1}{\frac{i_{e(p.a.)}}{m}\cdot\left(1+\frac{i_{e(p.a.)}}{m}\right)^{RLZ_{auf}-1}\cdot\left(1+i_{e(p.a.)}\cdot\frac{tg}{360}\right)}+\frac{TK_{RLZ_{auf}}}{\left(1+\frac{i_{e(p.a.)}}{m}\right)^{RLZ_{auf}-1}\cdot\left(1+i_{e(p.a.)}\cdot\frac{tg}{360}\right)}$$

3.3.2.1.4 Braeß/Fangmeyer-Methode

Die flexible Renditegleichung nach Braeß/Fangmeyer aus Kapitel 3.2 läßt sich durch Weglassen des Faktors, der die Kuponverringerung durch vorzeitige Tilgungen berücksichtigt, wie folgt vereinfachen:

$$P_{0,B}=\sum_{y=1}^{z}\frac{\left(\frac{p}{m}+T_y\cdot\frac{TK_y}{100}\right)\cdot\left(1+i_{e(p.a.)}\cdot\frac{z-y}{m}\right)}{1+i_{e(p.a.)}\cdot gebrLZ_J}$$

$$+\sum_{t=1}^{Jahre_{ab}}\sum_{y=1}^{m}\frac{\left(\frac{p}{m}+T_{z+(t-1)\cdot m+y}\cdot\frac{TK_{z+(t-1)\cdot m+y}}{100}\right)\cdot\left(1+i_{e(p.a.)}\cdot\frac{m-y}{m}\right)}{\left(1+i_{e(p.a.)}\right)^{t}\cdot\left(1+i_{e(p.a.)}\cdot gebrLZ_J\right)}$$

Durch Trennung von Kuponzahlungen und Tilgungszahlung erhält man die folgende Gleichung:

$$P_{0,B} = \sum_{y=1}^{z} \frac{\frac{p}{m} \cdot \left(1 + i_{e(p.a.)} \cdot \frac{z-y}{m}\right)}{1 + i_{e(p.a.)} \cdot gebrLZ_J}$$

$$+ \sum_{t=1}^{Jahre_{ab}} \sum_{y=1}^{m} \frac{\frac{p}{m} \cdot \left(1 + i_{e(p.a.)} \cdot \frac{m-y}{m}\right)}{\left(1 + i_{e(p.a.)}\right)^t \cdot \left(1 + i_{e(p.a.)} \cdot gebrLZ_J\right)}$$

$$+ \frac{T_{RLZ_{auf}} \cdot \frac{TK_{RLZ_{auf}}}{100}}{\left(1 + i_{e(p.a.)}\right)^{Jahre_{ab}} \cdot \left(1 + i_{e(p.a.)} \cdot gebrLZ_J\right)}$$

Nun kann auf der rechten Seite der Gleichung der lineare Abzinsungsfaktor über die gebrochene Restlaufzeit in Jahren aus der Doppelsumme herausgehoben werden:

$$P_{0,B} = \sum_{y=1}^{z} \frac{\frac{p}{m} \cdot \left(1 + i_{e(p.a.)} \cdot \frac{z-y}{m}\right)}{1 + i_{e(p.a.)} \cdot gebrLZ_J}$$

$$+ \frac{1}{\left(1 + i_{e(p.a.)} \cdot gebrLZ_J\right)} \cdot \sum_{t=1}^{Jahre_{ab}} \sum_{y=1}^{m} \frac{\frac{p}{m} \cdot \left(1 + i_{e(p.a.)} \cdot \frac{m-y}{m}\right)}{\left(1 + i_{e(p.a.)}\right)^t}$$

$$+ \frac{T_{RLZ_{auf}} \cdot \frac{TK_{RLZ_{auf}}}{100}}{\left(1 + i_{e(p.a.)}\right)^{Jahre_{ab}} \cdot \left(1 + i_{e(p.a.)} \cdot gebrLZ_J\right)}$$

Auf der rechten Seite der Gleichung ist die äußere Summe im zweiten Ausdruck (von 1 bis $Jahre_{ab}$) eine Summe von Barwerten konstanter Größen (die selbst wiederum durch Summenbildung von 1 bis m gebildet werden). Deshalb läßt sich diese äußere Summe durch Multiplikation der konstanten Größe mit dem

Rentenbarwertfaktor ersetzen. Darüber hinaus kann (wie bei den anderen Methoden) beim Ausdruck für die Tilgungszahlung durch 100 gekürzt werden:

$$P_{0,B} = \sum_{y=1}^{z} \frac{\frac{p}{m} \cdot \left(1 + i_{e(p.a.)} \cdot \frac{z-y}{m}\right)}{1 + i_{e(p.a.)} \cdot gebrLZ_J}$$

$$+ \sum_{y=1}^{m} \frac{p}{m} \cdot \left(1 + i_{e(p.a.)} \cdot \frac{m-y}{m}\right) \quad \cdot \quad \frac{\left(1 + i_{e(p.a.)}\right)^{Jahre_{ab}} - 1}{i_{e(p.a.)} \cdot \left(1 + i_{e(p.a.)}\right)^{Jahre_{ab}}} \cdot \frac{1}{\left(1 + i_{e(p.a.)} \cdot gebrLZ_J\right)}$$

$$+ \frac{TK_{RLZ_{auf}}}{\left(1 + i_{e(p.a.)}\right)^{Jahre_{ab}} \cdot \left(1 + i_{e(p.a.)} \cdot gebrLZ_J\right)}$$

3.3.2.1.5 Methode nach der Preisangabenverordnung

Streicht man aus der flexiblen Renditegleichung nach der Preisangabenverordnung aus Kapitel 3.2 jenen Faktor, der die Verringerung der Kuponzahlungen aufgrund von vorzeitigen Tilgungen berücksichtigt, so erhält man die folgende Gleichung:

$$P_{o,B} = \sum_{t=1}^{Jahre_{ab}} \sum_{y=1}^{m} \frac{\left[\frac{p}{m} + T_{(t-1)\cdot m+y} \cdot \frac{TK_{(t-1)\cdot m+y}}{100}\right] \cdot \left[1 + i_{e(p.a.)} \cdot \left(\frac{m-y+1}{m} - \frac{tg}{360}\right)\right]}{\left(1 + i_{e(p.a.)}\right)^t}$$

$$+ \sum_{y=1}^{z} \frac{\left[\frac{p}{m} + T_{(Jahre_{ab}\cdot m)+y} \cdot \frac{TK_{(Jahre_{ab}\cdot m)+y}}{100}\right] \cdot \left(1 + i_{e(p.a.)} \cdot \frac{z-y}{m}\right)}{\left(1 + i_{e(p.a.)} \cdot gebrLZ_J\right) \cdot \left(1 + i_{e(p.a.)}\right)^{Jahre_{ab}}}$$

Es empfiehlt sich wieder, Kuponzahlungen und Tilgungszahlung zu trennen:

$$P_{o,B} = \sum_{t=1}^{Jahre_{ab}} \sum_{y=1}^{m} \frac{\frac{p}{m} \cdot \left[1 + i_{e(p.a.)} \cdot \left(\frac{m-y+1}{m} - \frac{tg}{360}\right)\right]}{\left(1 + i_{e(p.a.)}\right)^{t}}$$

$$+ \sum_{y=1}^{z} \frac{\frac{p}{m} \cdot \left(1 + i_{e(p.a.)} \cdot \frac{z-y}{m}\right)}{\left(1 + i_{e(p.a.)} \cdot gebrLZ_{J}\right) \cdot \left(1 + i_{e(p.a.)}\right)^{Jahre_{ab}}}$$

$$+ \frac{T_{RLZ_{auf}} \cdot \frac{TK_{RLZ_{auf}}}{100}}{\left(1 + i_{e(p.a.)} \cdot gebrLZ_{J}\right) \cdot \left(1 + i_{e(p.a.)}\right)^{Jahre_{ab}}}$$

Beim ersten Ausdruck auf der rechten Seite der Gleichung ist die äußere Summe (von 1 bis $Jahre_{ab}$) eine Summe von Barwerten konstanter Größen (die selbst wieder durch Summenbildung von 1 bis m berechnet werden). Diese Summe läßt sich daher durch Multiplikation der konstanten Größe mit dem Rentenbarwertfaktor vereinfachen. Außerdem kann wieder beim Ausdruck für die Tilgungszahlung durch 100 gekürzt werden:

$$P_{o,B} = \sum_{y=1}^{m} \frac{p}{m} \cdot \left[1 + i_{e(p.a.)} \cdot \left(\frac{m-y+1}{m} - \frac{tg}{360}\right)\right] \cdot \frac{\left(1 + i_{e(p.a.)}\right)^{Jahre_{ab}} - 1}{i_{e(p.a.)} \cdot \left(1 + i_{e(p.a.)}\right)^{Jahre_{ab}}}$$

$$+ \sum_{y=1}^{z} \frac{\frac{p}{m} \cdot \left(1 + i_{e(p.a.)} \cdot \frac{z-y}{m}\right)}{\left(1 + i_{e(p.a.)} \cdot gebrLZ_{J}\right) \cdot \left(1 + i_{e(p.a.)}\right)^{Jahre_{ab}}}$$

$$+ \frac{TK_{RLZ_{auf}}}{\left(1 + i_{e(p.a.)} \cdot gebrLZ_{J}\right) \cdot \left(1 + i_{e(p.a.)}\right)^{Jahre_{ab}}}$$

BEISPIEL 42: Anleihe mit endfälliger Tilgung

Eine endfällige Anleihe mit einem Nominalzinssatz von 8 % p. a. (bei halbjährlicher Verzinsung; Kupontermine jeweils am 13. 5. und am 13. 11.) wird am 13. 11. 2000 zum Nominale getilgt. Der Kurs am 1. 3. 1997 beträgt 99.

Wie hoch ist die Rendite dieser Anleihe am 1. 3. 1997 nach sämtlichen Methoden?

Lösung:

Zunächst sind die Stückzinsen und der Bruttokurs auszurechnen: Die Variable tg ist die Anzahl der Tage vom 1. 3. 1997 bis zum 13. 5. 1997. Das sind 72 Tage. Setzt man diesen Wert sowie jene für p (8) und für m (2) in die Stückzinsenformel aus Kapitel 2.2 ein, erhält man die Stückzinsen:

$$SZ = \frac{8}{2} \cdot \left(1 - \frac{72 \cdot 2}{360}\right) = 2{,}4$$

Daraus resultiert ein Bruttokurs $P_{0,B}$ in Höhe von (99 + 2,4 =) 101,4.

Anschließend sind die Werte der Laufzeitvariablen festzustellen:

$$\begin{gathered} \text{Jahre} = 3{,}7 \\ \text{Jahre}_{ab} = 3 \\ \text{gebrLZ}_J = 0{,}7 \\ z = 2 \\ \text{RLZ}_{auf} = 8 \end{gathered}$$

Da die Tilgung zum achten und letzten Kupontermin (und zwar zum Nominale) erfolgt, gilt:

$$\begin{aligned} T_{RLZ_{auf}} &= T_8 &= 100 \\ TK_{RLZ_{auf}} &= TK_8 &= 100 \end{aligned}$$

Nun ist die Aufstellung der fünf Renditegleichungen problemlos durch Einsetzen möglich.

1) ISMA-Methode:

Setzt man die konkreten Werte für diese Anleihe anstelle der Variablen in der Renditegleichung nach der ISMA-Methode für Anleihen mit endfälliger Tilgung ein, so erhält man die folgende Renditegleichung:

$$101{,}4 = 4 \cdot \frac{(1+i_{e,2})^8 - 1}{i_{e,2} \cdot (1+i_{e,2})^{7,4}} + \frac{100}{(1+i_{e,2})^{7,4}}$$

Die Lösung dieser Gleichung (z. B. mittels Linearer Interpolation) ergibt eine ISMA-Rendite von 4,157 % pro Halbjahr. Das entspricht einer Jahresrendite von 8,486 %.

2) Moosmüller-Methode:

Durch Einsetzen der Werte für diese Anleihe in die Renditegleichung nach der Moosmüller-Methode für Anleihen mit endfälliger Tilgung bekommt man:

$$101{,}4 = 4 \cdot \frac{(1+i_{e,2})^8 - 1}{i_{e,2} \cdot (1+i_{e,2})^7 \cdot (1+i_{e,2} \cdot 0{,}4)} + \frac{100}{(1+i_{e,2})^7 \cdot (1+i_{e,2} \cdot 0{,}4)}$$

Die Lösung dieser Gleichung ergibt eine Moosmüller-Rendite von 4,153 % pro Halbjahr. Das entspricht einer Jahresrendite von 8,479 %.

3) Amerikanische Methode:

Die Renditegleichung nach der Amerikanischen Methode lautet für diese Anleihe:

$$101{,}4 = 4 \cdot \frac{\left(1 + \frac{i_{e(p.a.)}}{2}\right)^8 - 1}{\frac{i_{e(p.a.)}}{2} \cdot \left(1 + \frac{i_{e(p.a.)}}{2}\right)^7 \cdot \left(1 + i_{e(p.a.)} \cdot 0{,}2\right)} + \frac{100}{\left(1 + \frac{i_{e(p.a.)}}{2}\right)^7 \cdot \left(1 + i_{e(p.a.)} \cdot 0{,}2\right)}$$

Die Lösung dieser Renditegleichung ergibt eine Amerikanische Rendite in Höhe von 8,307 % (p. a.).

4) Braeß/Fangmeyer-Methode:

Die Renditegleichung nach der Braeß/Fangmeyer-Methode sieht folgendermaßen aus:

$$101{,}4 = \frac{4 \cdot \left(1 + i_{e(p.a.)} \cdot 0{,}5\right)}{1 + i_{e(p.a.)} \cdot 0{,}7} + \frac{4}{1 + i_{e(p.a.)} \cdot 0{,}7}$$

$$+ \left[4 \cdot \left(1 + i_{e(p.a.)} \cdot 0{,}5\right) + 4\right] \cdot \frac{\left(1 + i_{e(p.a.)}\right)^3 - 1}{i_{e(p.a.)} \cdot \left(1 + i_{e(p.a.)}\right)^3} \cdot \frac{1}{\left(1 + i_{e(p.a.)} \cdot 0{,}7\right)}$$

$$+ \frac{100}{\left(1 + i_{e(p.a.)}\right)^3 \cdot \left(1 + i_{e(p.a.)} \cdot 0{,}7\right)}$$

Die Lösung dieser Renditegleichung ergibt eine Rendite von 8,467 % (p. a.).

5) Methode nach der Preisangabenverordnung:

Die Renditegleichung nach der Preisangabenverordnung lautet für diese Anleihe:

$$101{,}4 = \left[4 \cdot \left(1 + i_{e(p.a.)} \cdot 0{,}8\right) + 4 \cdot \left(1 + i_{e(p.a.)} \cdot 0{,}3\right)\right] \cdot \frac{\left(1 + i_{e(p.a.)}\right)^3 - 1}{i_{e(p.a.)} \cdot \left(1 + i_{e(p.a.)}\right)^3}$$

$$+ \frac{4 \cdot \left(1 + i_{e(p.a.)} \cdot 0{,}5\right)}{\left(1 + i_{e(p.a.)} \cdot 0{,}7\right) \cdot \left(1 + i_{e(p.a.)}\right)^3} + \frac{4}{\left(1 + i_{e(p.a.)} \cdot 0{,}7\right) \cdot \left(1 + i_{e(p.a.)}\right)^3}$$

$$+ \frac{100}{\left(1 + i_{e(p.a.)} \cdot 0{,}7\right) \cdot \left(1 + i_{e(p.a.)}\right)^3}$$

Diese Gleichung läßt sich durch Zusammenfassen der letzten drei Summanden wie folgt verkürzen:

$$101{,}4 = \left[4 \cdot \left(1 + i_{e(p.a.)} \cdot 0{,}8\right) + 4 \cdot \left(1 + i_{e(p.a.)} \cdot 0{,}3\right)\right] \cdot \frac{\left(1 + i_{e(p.a.)}\right)^3 - 1}{i_{e(p.a.)} \cdot \left(1 + i_{e(p.a.)}\right)^3}$$

$$+ \frac{4 \cdot \left(1 + i_{e(p.a.)} \cdot 0{,}5\right) + 104}{\left(1 + i_{e(p.a.)} \cdot 0{,}7\right) \cdot \left(1 + i_{e(p.a.)}\right)^3}$$

Die Lösung dieser Renditegleichung ergibt eine Rendite von 8,473 % (p. a.).

3.3.2.2 Szenario 2: Anleihe mit jährlicher Verzinsung

Dieses Szenario entspricht dem Spezialfall 3.3.1.3.1. Somit können die fünf flexiblen Renditegleichungen aus Kapitel 3.2 entsprechend Kapitel 3.3.1.3.1 vereinfacht werden. Konkret wird für die Variable m in den Gleichungen der Wert 1 eingesetzt. Die Periodenrendite $i_{e,m}$ ist identisch mit der Jahresrendite $i_{e(p.a.)}$.

3.3.2.2.1 ISMA-Methode

Durch Umformung der flexiblen Renditegleichung nach der ISMA-Methode aus Kapitel 3.2 erhält man die Renditegleichung nach der ISMA-Methode für Anleihen mit jährlicher Verzinsung:

$$P_{o,B} = \sum_{t=1}^{RLZ_{auf}} \frac{\left(1 - \sum_{x=1}^{t-1} \frac{T_x}{100}\right) \cdot p + T_t \cdot \frac{TK_t}{100}}{\left(1 + i_{e(p.a.)}\right)^{t-1} \cdot \left(1 + i_{e(p.a.)}\right)^{\frac{tg}{360}}}$$

Die beiden Faktoren im Nenner lassen sich noch wie folgt zusammenfassen:

$$P_{o,B} = \sum_{t=1}^{RLZ_{auf}} \frac{\left(1 - \sum_{x=1}^{t-1} \frac{T_x}{100}\right) \cdot p + T_t \cdot \frac{TK_t}{100}}{\left(1 + i_{e(p.a.)}\right)^{t-1+\frac{tg}{360}}}$$

3.3.2.2.2 Moosmüller-Methode, Amerikanische Methode und Braeß/Fangmeyer-Methode

Wie bereits in Kapitel 3.2.6 beschrieben, sind diese drei Methoden bei Anleihen mit jährlicher Verzinsung identisch. Die Renditegleichung für diese drei Methoden bei Anleihen mit jährlicher Verzinsung läßt sich am einfachsten herleiten, indem man von der flexiblen Renditegleichung nach der Moosmüller-Methode in Kapitel 3.2 ausgeht und für m den Wert 1 sowie für die Periodenrendite $i_{e,m}$ die Jahresrendite $i_{e(p.a.)}$ einsetzt:

$$P_{o,B} = \sum_{t=1}^{RLZ_{auf}} \frac{\left(1 - \sum_{x=1}^{t-1} \frac{T_x}{100}\right) \cdot p + T_t \cdot \frac{TK_t}{100}}{\left(1 + i_{e(p.a.)}\right)^{t-1} \cdot \left(1 + i_{e(p.a.)} \cdot \frac{tg}{360}\right)}$$

3.3.2.2.3 Methode nach der Preisangabenverordnung

Setzt man in die flexible Renditegleichung nach der Preisangabenverordnung aus Kapitel 3.2 für die Variable m den Wert 1 ein, so kann auf der rechten Seite der Gleichung beim ersten Ausdruck (ganzzahlige Restlaufzeit in Jahren) die innere Summe (von 1 bis m) weggelassen werden, da es nur noch einen Summanden gibt. Außerdem fällt beim zweiten Ausdruck im Zähler der lineare Aufzinsungsfaktor weg, da die Variablen y und z den gleichen Wert annehmen. Es resultiert folgende Renditegleichung nach der Preisangabenverordnung für Anleihen mit jährlicher Verzinsung:

$$P_{o,B} = \sum_{t=1}^{Jahre_{ab}} \frac{\left[\left(1-\sum_{x=1}^{t-1}\frac{T_x}{100}\right)\cdot p + T_t \cdot \frac{TK_t}{100}\right]\cdot\left[1 + i_{e(p.a.)}\cdot\left(1-\frac{tg}{360}\right)\right]}{\left(1+i_{e(p.a.)}\right)^t}$$

$$+\sum_{y=1}^{z} \frac{\left[\left(1-\sum_{x=1}^{Jahre_{ab}}\frac{T_x}{100}\right)\cdot p + T_{Jahre_{ab}+1}\cdot\frac{TK_{Jahre_{ab}+1}}{100}\right]}{\left(1+i_{e(p.a.)}\cdot gebrLZ_j\right)\cdot\left(1+i_{e(p.a.)}\right)^{Jahre_{ab}}}$$

Zur zweiten Summe auf der rechten Seite dieser Gleichung sind folgende Erklärungen erforderlich:

Wenn eine Anleihe mit jährlicher Verzinsung genau zu einem Kupontermin bewertet wird, nimmt z den Wert 0 an, und diese zweite Summe fällt weg. Wird eine Anleihe mit jährlicher Verzinsung zwischen zwei Kuponterminen bewertet, so bekommt z den Wert 1, und die Summe enthält genau einen Summanden.

BEISPIEL 43: Anleihe mit jährlicher Verzinsung

Eine Serienanleihe (mit jährlicher Nominalverzinsung in Höhe von 8 %; Kupontermine am 13. 11.) besteht aus vier Serien und wird zu gleichen Teilen am 13. 11. 1997, am 13. 11. 1998, am 13. 11. 1999 und am 13. 11. 2000 getilgt. Sämtliche Tilgungen erfolgen zum Nominale. Der Kurs am 1. 3. 1997 beträgt 99.

Wie hoch ist die Rendite dieser Anleihe am 1. 3. 1997 nach allen Methoden?

Lösung:

Zunächst werden wieder die Stückzinsen und der Bruttokurs berechnet: Die Variable tg ist die Anzahl der Tage zwischen dem 1. 3. 1997 und dem 13. 11. 1997. Das sind 252 Tage. Setzt man diesen Wert und jene für p (8) und für m (1) in die Stückzinsenformel aus Kapitel 2.2 ein, so erhält man:

$$SZ = \frac{8}{1} \cdot \left(1 - \frac{252 \cdot 1}{360}\right) = 2{,}4$$

Der Bruttokurs $P_{0,B}$ beträgt somit (99 + 2,4 =) 101,4.

Die Laufzeitvariablen nehmen die folgenden Werte an:

$$\text{Jahre} = 3{,}7$$
$$\text{Jahre}_{ab} = 3$$
$$\text{gebrLZ}_J = 0{,}7$$
$$z = 1$$
$$\text{RLZ}_{auf} = 4$$

Die Anzahl der Kupontermine während der Restlaufzeit entspricht der aufgerundeten Restlaufzeit in Kuponperioden RLZ_{auf}, also 4. Die Rückflüsse zu den vier Kuponterminen lassen sich anhand der folgenden Tabelle berechnen:

Kupontermin	13. 11. 1997	13. 11. 1998	13. 11. 1999	13. 11. 2000
Bereits getilgtes Nominale	0	25	50	75
Ausstehendes Nominale	100	75	50	25
Jährliche Zinszahlung	8	6	4	2
Kuponzahlung	8	6	4	2
Tilgungszahlung	25	25	25	25
Rückfluß	33	31	29	27

Nach diesen Vorarbeiten können nun die Renditegleichungen aufgestellt werden.

1) ISMA-Methode:

Durch Einsetzen der Werte für die zu beurteilende Anleihe anstelle der Variablen erhält man die Renditegleichung nach der ISMA-Methode für diese Anleihe:

$$101{,}4 = \frac{33}{\left(1+i_{e(p.a.)}\right)^{0,7}} + \frac{31}{\left(1+i_{e(p.a.)}\right)^{1,7}} + \frac{29}{\left(1+i_{e(p.a.)}\right)^{2,7}} + \frac{27}{\left(1+i_{e(p.a.)}\right)^{3,7}}$$

Durch Lösen dieser Gleichung kommt man zu einer jährlichen ISMA-Rendite in Höhe von 8,493 %.

2) Moosmüller-Methode, Amerikanische Methode, Braeß/Fangmeyer-Methode:

Die Renditegleichung nach diesen drei Methoden sieht folgendermaßen aus:

$$101{,}4 = \frac{33}{\left(1+i_{e(p.a.)}\cdot 0{,}7\right)} + \frac{31}{\left(1+i_{e(p.a.)}\right)\cdot\left(1+i_{e(p.a.)}\cdot 0{,}7\right)} + \frac{29}{\left(1+i_{e(p.a.)}\right)^{2}\cdot\left(1+i_{e(p.a.)}\cdot 0{,}7\right)} + \frac{27}{\left(1+i_{e(p.a.)}\right)^{3}\cdot\left(1+i_{e(p.a.)}\cdot 0{,}7\right)}$$

Die Lösung dieser Gleichung ergibt eine Rendite von 8,456 % (p. a.).

3) Methode nach der Preisangabenverordnung:

Die Renditegleichung nach der Preisangabenverordnung lautet:

$$101{,}4 = \frac{33\cdot\left(1+i_{e(p.a.)}\cdot 0{,}3\right)}{\left(1+i_{e(p.a.)}\right)} + \frac{31\cdot\left(1+i_{e(p.a.)}\cdot 0{,}3\right)}{\left(1+i_{e(p.a.)}\right)^{2}} + \frac{29\cdot\left(1+i_{e(p.a.)}\cdot 0{,}3\right)}{\left(1+i_{e(p.a.)}\right)^{3}} + \frac{27}{\left(1+i_{e(p.a.)}\cdot 0{,}7\right)\cdot\left(1+i_{e(p.a.)}\right)^{3}}$$

Die Lösung dieser Gleichung ergibt eine Rendite von 8,516 % (p. a.).

3.3.2.3 Szenario 3: Anleihe mit jährlicher Verzinsung und endfälliger Tilgung

Szenario 3 stellt eine Kombination der beiden bisherigen dar. Deshalb können, ausgehend von den Renditegleichungen aus Szenario 1 (Anleihe mit endfälliger Tilgung), zusätzlich die in Szenario 2 durchgeführten Modifikationen für Anleihen mit jährlicher Verzinsung ($m = 1$, $i_{e,m} = i_{e(p.a.)}$) vorgenommen werden. Die resultierenden Renditegleichungen sind im Anschluß angeführt.

3.3.2.3.1 ISMA-Methode

Die beschriebenen Modifikationen führen zu folgender Renditegleichung nach der ISMA-Methode für Anleihen mit jährlicher Verzinsung und endfälliger Tilgung:

$$P_{o,B} = p \cdot \frac{\left(1 + i_{e(p.a.)}\right)^{RLZ_{auf}} - 1}{i_{e(p.a.)} \cdot \left(1 + i_{e(p.a.)}\right)^{RLZ_{auf} - 1 + \frac{tg}{360}}} + \frac{TK_{RLZ_{auf}}}{\left(1 + i_{e(p.a.)}\right)^{RLZ_{auf} - 1 + \frac{tg}{360}}}$$

3.3.2.3.2 Moosmüller-Methode, Amerikanische Methode und Braeß/Fangmeyer-Methode

Wie in Szenario 2 sind diese drei Methoden identisch (weil eine Anleihe mit jährlicher Verzinsung bewertet wird). Am einfachsten kommt man zur Renditegleichung für dieses Szenario, indem man, ausgehend von der Moosmüller-Renditegleichung aus Szenario 1, die entsprechenden Modifikationen aus Szenario 2 ($m = 1$, $i_{e,m} = i_{e(p.a.)}$) vornimmt:

$$P_{o,B} = p \cdot \frac{\left(1 + i_{e(p.a.)}\right)^{RLZ_{auf}} - 1}{i_{e(p.a.)} \cdot \left(1 + i_{e(p.a.)}\right)^{RLZ_{auf} - 1} \cdot \left(1 + i_{e(p.a.)} \cdot \frac{tg}{360}\right)} + \frac{TK_{RLZ_{auf}}}{\left(1 + i_{e(p.a.)}\right)^{RLZ_{auf} - 1} \cdot \left(1 + i_{e(p.a.)} \cdot \frac{tg}{360}\right)}$$

3.3.2.3.3 Methode nach der Preisangabenverordnung

Setzt man in die Renditegleichung nach der Preisangabenverordnung aus Szenario 1 anstelle von m den Wert 1 ein, so fällt auf der rechten Seite der Gleichung beim ersten Ausdruck die Summe von 1 bis m weg, da nur noch ein

Summand existiert. Beim zweiten Ausdruck fällt im Zähler der lineare Aufzinsungsfaktor weg, da y und z den gleichen Wert haben. Die Renditegleichung nach der Preisangabenverordnung für Anleihen mit jährlicher Verzinsung und endfälliger Tilgung lautet daher:

$$P_{0,B} = p \cdot \left[1 + i_{e(p.a.)} \cdot \left(1 - \frac{tg}{360}\right)\right] \cdot \frac{\left(1 + i_{e(p.a.)}\right)^{Jahre_{ab}} - 1}{i_{e(p.a.)} \cdot \left(1 + i_{e(p.a.)}\right)^{Jahre_{ab}}}$$

$$+ \sum_{y=1}^{z} \frac{p}{\left(1 + i_{e(p.a.)} \cdot gebrLZ_J\right) \cdot \left(1 + i_{e(p.a.)}\right)^{Jahre_{ab}}}$$

$$+ \frac{TK_{RLZ_{auf}}}{\left(1 + i_{e(p.a.)} \cdot gebrLZ_J\right) \cdot \left(1 + i_{e(p.a.)}\right)^{Jahre_{ab}}}$$

Für die zweite Summe auf der rechten Seite der Gleichung gelten die gleichen Erklärungen wie in Szenario 2.

BEISPIEL 44: Anleihe mit jährlicher Verzinsung und endfälliger Tilgung

Eine Anleihe mit jährlicher Verzinsung in Höhe von 8 % (Kupontermine jeweils am 13. 11.) wird endfällig am 13. 11. 2000 zum Nominale getilgt. Die Anleihe notiert am 1. 3. 1997 zu einem Kurs von 99.

Wie hoch ist die Rendite dieser endfälligen Anleihe am 1. 3. 1997 nach sämtlichen Methoden?

Lösung:

Die Lösung dieses Beispiels erfordert zunächst wieder die Berechnung der Stückzinsen. Dieser Vorgang ist identisch mit jenem in Beispiel 43. Die Variable tg bekommt den Wert 252. Die Stückzinsen sind 2,4. Der Bruttokurs $P_{0,B}$ beträgt daher 101,4.

Auch die Werte der Laufzeitvariablen sind identisch mit jenen aus Beispiel 43:

$$\text{Jahre} = 3{,}7$$
$$\text{Jahre}_{ab} = 3$$
$$\text{gebrLZ}_J = 0{,}7$$
$$z = 1$$
$$\text{RLZ}_{auf} = 4$$

Da die Anleihe zum vierten und letzten Kupontermin (zum Nominale) getilgt wird, gilt:

$$T_{RLZ_{auf}} = T_4 = 100$$
$$TK_{RLZ_{auf}} = TK_4 = 100$$

Nach diesen Vorarbeiten ist das Aufstellen der Renditegleichungen problemlos möglich.

<u>1) ISMA-Methode:</u>

Durch Einsetzen der konkreten Werte in die Renditegleichung nach der ISMA-Methode für Anleihen mit jährlicher Verzinsung und endfälliger Tilgung erhält man die Renditegleichung nach der ISMA-Methode für die zu beurteilende Anleihe:

$$101{,}4 = 8 \cdot \frac{\left(1 + i_{e(p.a.)}\right)^4 - 1}{i_{e(p.a.)} \cdot \left(1 + i_{e(p.a.)}\right)^{3,7}} + \frac{100}{\left(1 + i_{e(p.a.)}\right)^{3,7}}$$

Die Lösung dieser Renditegleichung ergibt eine ISMA-Rendite in Höhe von 8,303 % (p. a.).

2) Moosmüller-Methode, Amerikanische Methode, Braeß/Fangmeyer-Methode:

Die Renditegleichung nach diesen drei Methoden lautet für die angeführte Anleihe:

$$101{,}4 = 8 \cdot \frac{\left(1 + i_{e(p.a.)}\right)^4 - 1}{i_{e(p.a.)} \cdot \left(1 + i_{e(p.a.)}\right)^3 \cdot \left(1 + i_{e(p.a.)} \cdot 0{,}7\right)} + \frac{100}{\left(1 + i_{e(p.a.)}\right)^3 \cdot \left(1 + i_{e(p.a.)} \cdot 0{,}7\right)}$$

Aus dieser Renditegleichung errechnet sich eine Rendite von 8,282 % (p. a.).

3) Methode nach der Preisangabenverordnung:

Durch Einsetzen der konkreten Werte in die Renditegleichung nach der Preisangabenverordnung für Anleihen mit jährlicher Verzinsung und endfälliger Tilgung erhält man die Renditegleichung für die angeführte Anleihe (wobei der Barwert des letzten Kupons und der Tilgungszahlung zusammengefaßt wurde):

$$101{,}4 = 8 \cdot \left(1 + i_{e(p.a.)} \cdot 0{,}3\right) \cdot \frac{\left(1 + i_{e(p.a.)}\right)^3 - 1}{i_{e(p.a.)} \cdot \left(1 + i_{e(p.a.)}\right)^3} + \frac{108}{\left(1 + i_{e(p.a.)} \cdot 0{,}7\right) \cdot \left(1 + i_{e(p.a.)}\right)^3}$$

Die Lösung dieser Gleichung ergibt eine Rendite nach der Preisangabenverordnung von 8,291 % (p. a.).

3.3.2.4 Szenario 4: Anleihe mit jährlicher Verzinsung, Bewertung zu einem Kupontermin

Dieses Szenario baut auf Szenario 2 (Anleihe mit jährlicher Verzinsung) auf. Da bei Anleihen mit jährlicher Verzinsung jeder Kupontermin auch ein Hauptfälligkeitstermin ist, sind zusätzlich die Modifikationen von Spezialfall 3.3.1.1.2 (Bewertung zu einem Hauptfälligkeitstermin) möglich ($tg = 360/m$, $SZ = 0$, $P_{0,B} = P_{0,N}$, $Jahre = Jahre_{ab}$, $gebrLZ_J = 0$, $z = 0$).

Aus Kapitel 3.2.6 geht hervor, daß in diesem Szenario die Renditegleichungen für sämtliche Methoden identisch sind. Am einfachsten fällt die Herleitung ausgehend von der Renditegleichung nach der ISMA-Methode aus Szenario 2. Man erhält durch die beschriebenen Modifikationen folgende Renditegleichung für Anleihen mit jährlicher Verzinsung bei Bewertung zu einem Kupontermin:

$$P_{o,N} = \sum_{t=1}^{RLZ_{auf}} \frac{\left(1 - \sum_{x=1}^{t-1} \frac{T_x}{100}\right) \cdot p + T_t \cdot \frac{TK_t}{100}}{\left(1 + i_{e(p.a.)}\right)^t}$$

Als Summenobergrenze kann sowohl die Variable „RLZ_{auf}" als auch die Variable „Jahre" verwendet werden, da diese beiden Größen in Szenario 4 immer den gleichen Wert haben.

BEISPIEL 45: Anleihe mit jährlicher Verzinsung, Bewertung zu einem Kupontermin

Eine Serienanleihe mit jährlicher Verzinsung in Höhe von 8 % (Kupontermine jeweils am 1. 3.) wird in zwei gleich großen Serien zurückgezahlt. Eine der beiden Serien wird am 1. 3. 1999 verlost. Die zweite Serie wird am 1. 3. 2000 getilgt. Sämtliche Tilgungen erfolgen zum Nominale. Die Anleihe notiert am 1. 3. 1997 zu einem Kurs von 99.

Wie hoch ist die Rendite dieser Serienanleihe am 1. 3. 1997?

Lösung:

Da die Anleihe zu einem Kupontermin bewertet wird, ist der Wert der Variable tg genau 360. Somit betragen die Stückzinsen 0, und der Bruttokurs ist identisch mit dem Nettokurs. Die Laufzeitvariablen nehmen die folgenden Werte an:

$$\text{Jahre} = \text{Jahre}_{ab} = RLZ_{auf} = 3$$
$$z = gebrLZ_J = 0$$

Die Rückflüsse lassen sich mit der folgenden Tabelle berechnen:

Kupontermin	1. 3. 1998	1. 3. 1999	1. 3. 2000
Bereits getilgtes Nominale	0	0	50
Ausstehendes Nominale	100	100	50
Jährliche Zinszahlung	8	8	4
Kuponzahlung	8	8	4
Tilgungszahlung	0	50	50
Rückfluß	8	58	54

Die Renditegleichung lautet daher für sämtliche Methoden:

$$99 = \frac{8}{\left(1 + i_{e(p.a.)}\right)} + \frac{58}{\left(1 + i_{e(p.a.)}\right)^2} + \frac{54}{\left(1 + i_{e(p.a.)}\right)^3}$$

Die Lösung dieser Gleichung ergibt eine Rendite von 8,462 % (p. a.).

3.3.2.5 Szenario 5: Anleihe mit jährlicher Verzinsung und endfälliger Tilgung, Bewertung zu einem Kupontermin

Dieses Szenario baut auf Szenario 3 (Anleihe mit jährlicher Verzinsung und endfälliger Tilgung) auf. Zusätzlich können die Modifikationen von Kapitel 3.3.1.1.2 (Bewertung zu einem Hauptfälligkeitstermin; insbesondere tg = 360/m und $P_{0,B} = P_{0,N}$) durchgeführt werden. Auch in diesem Szenario ist die Renditegleichung unabhängig von der Renditemethode. Sie läßt sich am einfachsten ausgehend von der ISMA-Renditegleichung aus Szenario 3 durch die angegebenen Modifikationen herleiten:

$$P_{0,N} = p \cdot \frac{\left(1 + i_{e(p.a.)}\right)^{RLZ_{auf}} - 1}{i_{e(p.a.)} \cdot \left(1 + i_{e(p.a.)}\right)^{RLZ_{auf}}} + \frac{TK_{RLZ_{auf}}}{\left(1 + i_{e(p.a.)}\right)^{RLZ_{auf}}}$$

Wie in Szenario 4 gilt auch für Szenario 5, daß anstelle der Variable „RLZ_{auf}“ ebenso die Variable „Jahre“ verwendet werden könnte.

BEISPIEL 46: Anleihe mit jährlicher Verzinsung und endfälliger Tilgung, Bewertung zu einem Kupontermin

Eine Anleihe mit jährlicher Verzinsung in Höhe von 8 % (Kupontermine jeweils am 1. 3.) wird endfällig am 1. 3. 2000 zum Kurs von 101 getilgt. Die Anleihe notiert am 1. 3. 1997 zu einem Kurs von 99.

Wie hoch ist die Rendite dieser Anleihe am 1. 3. 1997?

Lösung:

Da die Anleihe zu einem Kupontermin bewertet wird, sind die Stückzinsen 0, und der Bruttokurs entspricht dem angegebene Nettokurs.

Die Laufzeitvariablen nehmen die folgenden Werte an:

$$\text{Jahre} = \text{Jahre}_{ab} = RLZ_{auf} = 3$$
$$z = gebrLZ_J = 0$$

Die gesamte Tilgung erfolgt zum letzten Kupontermin mit einem Agio von 1 %:

$$TK_{RLZ_{auf}} = TK_3 = 101$$

Die Renditegleichung lautet daher für sämtliche Methoden:

$$99 = 8 \cdot \frac{\left(1 + i_{e(p.a.)}\right)^3 - 1}{i_{e(p.a.)} \cdot \left(1 + i_{e(p.a.)}\right)^3} + \frac{101}{\left(1 + i_{e(p.a.)}\right)^3}$$

Die Lösung dieser Gleichung ergibt eine Rendite von 8,699 % (p. a.).

3.3.2.6 Szenario 6: Anleihe mit jährlicher Verzinsung und endfälliger Tilgung zum Nominale, Bewertung zu einem Kupontermin

Dieses Szenario baut auf Szenario 5 (Anleihe mit jährlicher Verzinsung und endfälliger Tilgung, Bewertung zu einem Kupontermin) auf. Zusätzlich sind die Modifikationen von Spezialfall 3.3.1.2.4 (Tilgung zum Nominale) möglich.

Die Renditegleichung ist wie in Szenario 5 für alle fünf Methoden gleich. Der einzige Unterschied zu Szenario 5 besteht darin, daß nun der Tilgungskurs mit 100 fixiert wird:

$$P_{o,N} = p \cdot \frac{\left(1 + i_{e(p.a.)}\right)^{RLZ_{auf}} - 1}{i_{e(p.a.)} \cdot \left(1 + i_{e(p.a.)}\right)^{RLZ_{auf}}} + \frac{100}{\left(1 + i_{e(p.a.)}\right)^{RLZ_{auf}}}$$

BEISPIEL 47: Anleihe mit jährlicher Verzinsung und endfälliger Tilgung zum Nominale, Bewertung zu einem Kupontermin

Eine Anleihe mit jährlicher Verzinsung in Höhe von 8 % (Kupontermine jeweils am 1. 3.) wird am 1. 3. 2000 endfällig zum Nominale getilgt. Der Börsenkurs am 1. 3. 1997 beträgt 99.

Wie hoch ist die Rendite dieser Anleihe am 1. 3. 1997?

Lösung:

Sämtliche Variablenbelegungen sind identisch mit jenen in Beispiel 46. Lediglich der Tilgungskurs beträgt nun 100 anstelle von 101. Die Renditegleichung (für sämtliche fünf Methoden) lautet daher:

$$99 = 8 \cdot \frac{\left(1 + i_{e(p.a.)}\right)^{3} - 1}{i_{e(p.a.)} \cdot \left(1 + i_{e(p.a.)}\right)^{3}} + \frac{100}{\left(1 + i_{e(p.a.)}\right)^{3}}$$

Die Lösung dieser Gleichung ergibt eine Rendite von 8,391 % (p. a.).

3.4 PRÄMISSEN DER RENDITEBERECHNUNG

Die hinter den Ausführungen aus Abschnitt 3 stehenden Prämissen lassen sich in drei Gruppen einteilen:

1) Allgemeine Prämissen des Kriteriums „Rendite"
2) Renditemethodenspezifische Prämissen
3) Spezielle Prämissen der Renditegleichungen

Es folgt ein kurzer Überblick über diese drei Gruppen.

3.4.1 Allgemeine Prämissen des Kriteriums „Rendite"

3.4.1.1 Sicherheit

Das Konzept der Rendite geht von sicheren Zahlungsströmen aus und berücksichtigt nicht die mit dem Kauf von Anleihen verbundenen Risiken (Zinsänderungsrisiko, Bonitätsrisiko, Kündigungsrisiko, Währungsrisiko usw.).

Der **Vergleich von zwei Anleihen** anhand der Rendite ist daher nur in zwei Fällen sinnvoll:

a) Der potentielle Anleihenkäufer ist risikoneutral (d. h. er nimmt jede Form von Risiko in Kauf, um seine Rendite zu maximieren).
b) Das Risiko beider Anleihen ist gleich hoch.

Bei **isolierter Betrachtung einer einzelnen Anleihe** gibt es nur zwei Situationen, in denen diese Vernachlässigung des Risikos gerechtfertigt ist:

a) Der potentielle Anleihekäufer ist risikoneutral.
b) Es existiert kein Risiko.

3.4.1.2 Wiederanlageprämisse

Die Rendite mißt die jährliche Durchschnittsrentabilität der Anleihe. Da jedoch bereits vor dem Ende der Laufzeit Rückflüsse anfallen, ist das investierte Kapital unterschiedlich lange gebunden. Aus diesem Grund bringt die Verwendung der

Rendite implizit die Annahme mit sich, daß die vorzeitig anfallenden Rückflüsse

a) sofort entnommen werden
b) bis zum Ende der Anleihenlaufzeit zur Rendite wiederveranlagt werden

In allen anderen Fällen kann die realisierte Rendite von der errechneten Rendite abweichen.

3.4.1.3 Flache Zinskurve

Bei der dem Renditekonzept zugrundeliegenden Barwertermittlung wird von einer sogenannten „flachen Zinskurve" ausgegangen, d. h. sämtliche Zahlungen werden (unabhängig vom Zeitpunkt des Anfalls) mit dem gleichen Zinssatz abgezinst. In der Realität liegt eine solche flache Zinskurve allerdings eher selten vor. Diese Annahme kann daher zu Verzerrungen führen.

3.4.2 Renditemethodenspezifische Prämissen

Unter den methodenspezifischen Prämissen versteht man die (je nach Renditemethode unterschiedlichen) Annahmen bezüglich des Vergleichskontos. Sie wurden bereits bei der Beschreibung der Renditemethoden in Kapitel 3.2 ausführlich erklärt und werden daher an dieser Stelle nicht noch einmal wiederholt.

3.4.3 Spezielle Prämissen der Renditegleichungen

Aus Vereinfachungsgründen wurden bei der Herleitung der Renditegleichungen einige zusätzliche (mehr oder weniger einschränkende) Annahmen getroffen. Diese sollen nun näher erläutert werden.

3.4.3.1 Keine Transaktionskosten, Steuern und Inflation

Die hergeleiteten Renditegleichungen berücksichtigen nicht die nachteiligen Wirkungen von Spesen, Steuern oder Geldentwertung. Die berechneten Renditen sind daher Renditen vor Transaktionskosten, Steuern und Inflation.

Möchte man eine Rendite nach Transaktionskosten, Steuern und Inflation berechnen, so sind die Rückflüsse entsprechend anzupassen. Anschließend können diese angepaßten Rückflüsse (gemäß der gewählten Renditemethode) abgezinst werden. So erhält man z. B. aus den Rückflüssen nach Transaktionskosten und Steuern die Rendite nach Transaktionskosten und Steuern.

3.4.3.2 Konstante Nominalverzinsung

Eine weitere Annahme in den Renditegleichungen ist jene, daß die Nominalverzinsung der Anleihe während der Restlaufzeit konstant bleibt. Nur dann kann in den Renditegleichungen für die jährliche Nominalverzinsung, unabhängig vom Zeitpunkt des Rückflusses, die Variable p verwendet werden.

Diese Annahme ist ziemlich realistisch, da solche Anleihen den Regelfall darstellen. Würde sich jedoch gemäß Anleihenvertrag die Nominalverzinsung der Anleihe im Zeitablauf ändern, so müßte man auf eine indizierte Variable p_t ausweichen, die dann für jene Nominalverzinsung stünde, die der Kuponzahlung zum Kupontermin mit der Nummer t zugrundegelegt wird.[15)]

3.4.3.3 Rückflüsse nur zu Kuponterminen

Diese Annahme erfordert erstens, daß sämtliche Tilgungen zu Kuponterminen erfolgen. Dies schränkt die Anwendbarkeit der Renditegleichungen allerdings nicht ein, da Anleihenemittenten in der Realität (schon aus Gründen der Spesenminimierung) vorzeitige Tilgungen - wenn überhaupt - nur zu den Kuponterminen durchführen.

Zweitens wird durch diese Annahme vereinfachend unterstellt, daß die erhaltenen Kuponzahlungen und Tilgungen dem Inhaber der Anleihe sofort gutgeschrieben werden (Wertstellung unmittelbar zum Kupontermin).

[15] Die Verwendung des Rentenbarwertfaktors in den entsprechenden Spezialfällen und Szenarien ist dann selbstverständlich nicht mehr möglich.

3.4.3.4 Regelmäßige Kupontermine

In den Renditegleichungen wird implizit angenommen, daß die Kuponzahlungen in regelmäßigen Abständen erfolgen. Diese Annahme vernachlässigt, daß durch die unterschiedliche Anzahl von Tagen in den einzelnen Monaten sowie durch Schaltjahre die Kuponperioden in der Realität (geringfügig) ungleich lang sind. Diese Ungenauigkeit ist auf die Verwendung der **„30/360"-Methode** zurückzuführen.

3.4.3.5 Kein vorzeitiger Verkauf

Da - wie allgemein üblich - sämtliche Rückflüsse bis zur endgültigen Tilgung der Anleihe berücksichtigt wurden, enthalten die Renditegleichungen die implizite Annahme, daß die Anleihe auch bis zum Ende der Laufzeit behalten wird.

Sollte dies nicht geplant sein, so müßten an den Gleichungen entsprechende Modifikationen (basierend auf Annahmen über den ungewissen Verkaufskurs) vorgenommen werden.

3.4.3.6 Risikominimierende Strategie bei Serienanleihen

Es wurde bereits mehrfach darauf hingewiesen, daß die Renditegleichungen im Fall von Serienanleihen auf der (durchaus vernünftigen) Annahme beruhen, daß ein Investor von jeder Serie gleich viele Stücke erwirbt. Nur dann sind nämlich die gesamten (und die durchschnittlichen) Rückflüsse für den Investor unabhängig vom Verlosungszeitpunkt der einzelnen Serien und somit bereits bei der Anleihenbewertung bekannt.

3.5 ERGÄNZENDE UND WEITERFÜHRENDE LITERATUR

Trotz der hohen Bedeutung dieses Gebietes für die Anlage- und Kreditpraxis ist die Literatur zum Thema „Renditemethoden" nicht sehr umfassend. Es gibt jedoch einige wenige Werke, die zum Teil recht ausführlich informieren.

Eine barwertorientierte Darstellung der ISMA-Methode, der Moosmüller-Methode, der Braeß/Fangmeyer Methode und jener nach der Preisangabenverordnung ist in **„Computergestützte Finanzierungsentscheidungen" von**

Casey/Loistl/Schneider (1993, Service-Fachverlag) nachzulesen. Anhand eines kurzen Beispiels zeigen die Autoren zunächst, daß es für den Spezialfall „Kauf einer Anleihe mit jährlicher Verzinsung zum Kupontermin“ nur eine Art der Abzinsung gibt. Danach wird für einen allgemeineren Fall (Bewertung einer Anleihe mit halbjährlicher Verzinsung bei gebrochener Laufzeit) der Zahlungsstrom übersichtlich aufgestellt und demonstriert, wie die Rückflüsse nach den genannten Methoden zum Bewertungsstichtag abgezinst werden. In diesem Buch findet man auch die Berechnung des Endwertes, wodurch implizit eine Brücke zur Renditedefinition anhand des fiktiven Vergleichskontos geschlagen wird.

Kober/Knöll/Rometsch geben in ihrem Buch **„Finanzmathematische Effektivzinsberechnungsmethoden“** (1992, Wissenschaftsverlag) ebenfalls einen ausführlichen und übersichtlichen (durch zahlreiche Beispiele unterstützten) Überblick über die ISMA-Methode, die Amerikanische Methode, die Methode nach Braeß/Fangmeyer und jene nach der Preisangabenverordnung. Diesen vier Methoden werden auch die sogenannten „realen Zinsfußmethoden“ gegenübergestellt. Darüber hinaus werden umfassende Ergebnisvergleiche zwischen den Verfahren angestellt. Allerdings muß hinzugefügt werden, daß in dem genannten Buch die Methoden aus Kreditsicht (für verschiedene Konditionen-Varianten) und anhand des Endwertkonzepts präsentiert werden. Großen Stellenwert nimmt dabei das Vergleichskonto ein. Die Lektüre dieses Buches trägt sicherlich auch im Hinblick auf die Renditeberechnung von Anleihen sehr zum Verständnis bei. Die Sicht aus einem anderen Blickwinkel macht dieses Buch zu einer sinnvollen, dieses Handbuch der Renditeberechnung ergänzenden Bereicherung.

Eine gute Übersicht vermittelt auch **Kruschwitz** in seinem Buch **„Finanzmathematik“** (1995, Vahlen-Verlag). Darin beschreibt er die ISMA-Methode, die Moosmüller-Methode, die Braeß/Fangmeyer-Methode und jene nach der deutschen Preisangabenverordnung. Kruschwitz leitet für die genannten Methoden Renditegleichungen her und löst diese iterativ mit dem Newton-Verfahren. Die Ausführungen werden anhand eines Zahlenbeispiels veranschaulicht. Ein Basic-Programm ermöglicht es dem Anwender, die Renditen computerunterstützt zu berechnen. Kruschwitz zeigt auch deutlich, daß diese Renditemethoden sowohl für Anleihen als auch für Kredite anwendbar sind.

Eine ausführliche Darstellung der ISMA-Methode, der Moosmüller-Methode und der Braeß/Fangmeyer-Methode findet man auch in dem Buch **„Modernes Bondmanagement“ von Eller** (1993, Gabler-Verlag). Der Autor stellt darin eine Erweiterung der Braeß/Fangmeyer-Methode für sogenannte „überlange“ und für „verkürzte“ Kupons vor. Besonderes Augenmerk wird auf das Vergleichskonto und auf den Vergleich zwischen den Methoden (insbesondere bezüglich der Renditeergebnisse) gelegt.

Zur Kritik am Kriterium „Rendite“ sei auf das Buch **„Wertpapieranalyse“** (1994, Physica-Verlag) von **Uhlir/Steiner** verwiesen, das zum einen anhand von Beispielen die Schwächen dieser Kennzahl aufdeckt und zum anderen sehr detailliert auf die einzelnen Risikotypen eingeht. Ähnliche Ausführungen finden sich in **„Hedging“ von Berger** (1990, Gabler-Verlag) und **„Mathematische Grundlagen des modernen Portfoliomanagements“ von Auckenthaler** (1991, Verlag Paul Haupt).

ABSCHNITT 4: ZUSAMMENFASSUNG

Die Gliederung dieses Handbuches entspricht der Reihenfolge jener Schritte, die bei der Renditeberechnung für festverzinsliche Wertpapiere vorzunehmen sind:

Voraussetzung für die Berechnung sind die entsprechenden Grundkenntnisse. Zur Wiederholung dieser Grundlagen dient **Abschnitt 1**.

In einem ersten Schritt muß man aus dem Börsenkursblatt den Nettokurs der Anleihe entnehmen und die Stückzinsen berechnen (**Abschnitt 2**). Der Nettokurs ergibt zusammen mit den Stückzinsen den Bruttokurs, welcher das eingesetzte Kapital darstellt und deshalb der Ausgangspunkt für die nachfolgende Renditeberechnung ist.

Sämtliche der Stückzinsenberechnung folgenden Rechenprozesse können **Abschnitt 3** entnommen werden: Zunächst sind die Werte der Laufzeitvariablen sowie der Tilgungsvariablen festzustellen und die Rückflüsse zu berechnen. Danach ist die Renditemethode zu wählen. Aus den genannten Gründen sollte bei dieser Entscheidung die ISMA-Methode bevorzugt werden. Anschließend muß man die (der gewählten Methode entsprechende) Renditegleichung aufstellen (wobei in den beschriebenen Spezialfällen und Szenarien Vereinfachungen möglich sind). Die Renditegleichung ist dann auf iterativem Wege zu lösen. Die letzte kleine Hürde ist - sofern bei der gewählten Methode eine Rendite pro Kuponperiode berechnet wurde - die Umrechnung dieser Periodenrendite in eine Jahresrendite.

Der Stellenwert der Rendite als Beurteilungskriterium für Anleihen ist in der Anlagepraxis sehr hoch. Dennoch muß man beachten, daß das Kriterium „Rendite“, die einzelnen Renditemethoden und die hergeleiteten Renditegleichungen sehr wohl auch Schwachpunkte besitzen, wie sie in Kapitel 3.4 kurz angeführt wurden.

Abschließend bleibt zu hoffen, daß dieses Handbuch die ihm zugedachte Aufgabe erfüllt und ein wertvolles Nachschlagewerk sowohl für die Praxis als auch im Rahmen der Ausbildung darstellt, das bei Fragen zum Thema „Rendite“ stets Antwort geben kann.

ANHANG

ÜBERBLICK ÜBER DIE DATEN DES FALLBEISPIELS „ANLEIHE XYZ“

Bewertungsstichtag:	1. 3. 1997
Anleihentyp:	Serienanleihe
Ende der Laufzeit:	13. 11. 2000

<u>Stückzinsen:</u>

Jährliche Nominalverzinsung:	$p = 8$
Kuponhäufigkeit:	$m = 4$
(Quartals-)Kupon:	$\frac{p}{m} = \frac{8}{4} = 2$
Anzahl der Tage in einer Kuponperiode:	$\frac{360}{4} = 90$ Tage
Nächster Kupontermin:	13. 5. 1997
Vorangegangener Kupontermin:	13. 2. 1997
Anzahl der Tage zwischen dem Bewertungsstichtag (1. 3. 1997) und dem nächsten Kupontermin (13. 5. 1997):	$tg = 72$
Nettokurs:	$P_{0,N} = 99$
Stückzinsen:	$SZ = 0{,}4$
Bruttokurs:	$P_{0,B} = 99{,}4$

Laufzeitvariablen:

Restlaufzeit der Anleihe:	3 Jahre, 8 Monate und 12 Tage
Restlaufzeit in Jahren:	$3+\frac{8}{12}+\frac{12}{360}=3{,}7$ Jahre
Ganzzahlige Restlaufzeit in Jahren:	$\text{Jahre}_{ab} = 3$
Gebrochene Restlaufzeit in Jahren:	$\text{gebrLZ}_J = 0{,}7$
Restlaufzeit in Jahren:	$\text{Jahre} = 3{,}7$
Aufgerundete Anzahl der Kuponperioden innerhalb der gebrochenen Restlaufzeit in Jahren:	$z = 3$
Restlaufzeit in Kuponperioden:	$\text{Jahre}\bullet m = 3{,}7\bullet 4 = 14{,}8$
Ganzzahlige Restlaufzeit in Kuponperioden:	14
Gebrochene Restlaufzeit in Kuponperioden:	0,8
Restlaufzeit in Kuponperioden:	14,8
Aufgerundete Restlaufzeit in Kuponperioden:	$RLZ_{auf} = 15$

Kupontermine und Tilgungsstruktur:

	13.5. 1997	13.8. 1997	13.11. 1997	13.2. 1998	13.5. 1998	13.8. 1998	13.11. 1998	13.2. 1999	13.5. 1999	13.8. 1999	13.11. 1999	13.2. 2000	13.5. 2000	13.8. 2000	13.11. 2000
Nr.	1	2	3	4	5	6	7	8	9	10	11	12	13	14	15
T_t	0	0	0	0	0	10	10	10	10	10	10	10	10	10	10
TK_t	100	100	100	100	100	100	100	100	100	100	100	100	100	100	100

=> Anzahl der tilgungsfreien Kupontermine: f = 5

Rückflüsse:

	13.5. 1997	13.8. 1997	13.11. 1997	13.2. 1998	13.5. 1998	13.8. 1998	13.11. 1998	13.2. 1999	13.5. 1999	13.8. 1999	13.11. 1999	13.2. 2000	13.5. 2000	13.8. 2000	13.11. 2000
N_{get}	0	0	0	0	0	0	10	20	30	40	50	60	70	80	90
N_{aus}	100	100	100	100	100	100	90	80	70	60	50	40	30	20	10
Z	8	8	8	8	8	8	7,2	6,4	5,6	4,8	4,0	3,2	2,4	1,6	0,8
K	2	2	2	2	2	2	1,8	1,6	1,4	1,2	1,0	0,8	0,6	0,4	0,2
T	0	0	0	0	0	10	10	10	10	10	10	10	10	10	10
R	2	2	2	2	2	12	11,8	11,6	11,4	11,2	11,0	10,8	10,6	10,4	10,2

Rendite:

Rendite nach der ISMA-Methode:	8,709 % (p. a.)
Rendite nach der Moosmüller-Methode:	8,707 % (p. a.)
Rendite nach der Amerikanischen Methode:	8,436 % (p. a.)
Rendite nach der Braeß/Fangmeyer-Methode:	8,699 % (p. a.)
Rendite nach der Preisangabenverordnung:	8,728 % (p. a.)

BEISPIELVERZEICHNIS

Nr. Inhalt Seite

Nr.	Inhalt	Seite

ABBILDUNGSVERZEICHNIS

TABELLENVERZEICHNIS

Nr. Inhalt Seite

SYMBOLVERZEICHNIS

BW(G; T) **B**ar**w**ert des am Tag **T** anfallenden Geldbetrages **G**
(ohne konkrete Aussage, wie die Barwertberechnung erfolgt)

f — Anzahl der tilgungs**f**reien Kupontermine am Beginn der Restlaufzeit
$f \geq 0$

F(i) — beliebige **F**unktion mit der unabhängigen Variable i

F^o — **F**unktionswert beim **o**beren Näherungswert für die Nullstelle von F(i)

F^u — **F**unktionswert beim **u**nteren Näherungswert für die Nullstelle von F(i)

G — beliebiger **G**eldbetrag

$gebrLZ_J$ — **gebr**ochener Teil der Restlaufzeit in **J**ahren
$0 \leq gebrLZ_J < 1$

$i_{e,m}$ — Periodenrendite (bei **m** Kuponterminen pro Jahr)
angegeben als Zinssatz pro Kuponperiode

$i_{e\,(p.a.)}$ — Jahresrendite
angegeben als Zinssatz pro Jahr

i^o — **o**berer Näherungswert für die Nullstelle von F(**i**)

i^u — **u**nterer Näherungswert für die Nullstelle von F(**i**)

i_{ZPJ} — Periodenzinssatz (bei **ZPJ** Zinsperioden pro Jahr)
$i_{ZPJ} > 0$

$i_{(p.a.)}$ — Jahreszinssatz
$i_{(p.a.)} > 0$

Jahre — Restlaufzeit in **Jahre**n
$Jahre \geq 0$

$Jahre_{ab}$	ganzzahliger Teil der Restlaufzeit in Jahren (= Restlaufzeit in **Jahre**n, **ab**gerundet) $0 \leq Jahre_{ab} \leq Jahre$
K_0	Anfangs**k**apital (zum Zeitpunkt **0**), Barwert $K_0 \geq 0$
K_n	End**k**apital (zum Zeitpunkt **n**), Endwert $K_n > K_0$
m	Kuponhäufigkeit (Anzahl der Kupontermine pro Jahr) $m \geq 0$
n	Verzinsungsdauer in Zinsperioden $n \geq 0$
n_{ganz}	**ganz**zahliger Teil der Verzinsungsdauer **n** $0 \leq n_{ganz} \leq n$
n_{gebr}	**gebr**ochener Teil der Verzinsungsdauer **n** $0 \leq n_{gebr} < 1$
OG	beliebige Summen**o**ber**g**renze
p	Nominalverzinsung der Anleihe = Jahreskupon (bei einem Nominale von 100) $p \geq 0$
p_t	Nominalverzinsung der Anleihe, die der Kuponzahlung zum Kupontermin t zugrunde gelegt wird $p_t \geq 0$
$P_{0,B}$	Bruttokurs, **B**rutto**p**reis der Anleihe am Bewertungsstichtag (Zeitpunkt t = **0**) $P_{0,B} \geq P_{0,N}$
$P_{0,N}$	Nettokurs, **N**etto**p**reis der Anleihe am Bewertungsstichtag (Zeitpunkt t = **0**) $P_{0,N} \geq 0$

RLZ_{auf}	**R**est**l**auf**z**eit in Kuponperioden, **auf**gerundet $RLZ_{auf} \geq Jahre \bullet m$
SZ	**S**tück**z**insen $0 \leq SZ < \frac{p}{m}$
t	Summenindex
t_1	beliebiger Zeitraum
t_2	beliebiger Zeitraum
tg	Anzahl der **T**a**g**e vom Valutatag (= Bewertungsstichtag) bis zum nächsten Kupontermin $1 \leq tg \leq \frac{360}{m}$
T_{konst}	**T**ilgungsanteil, der über die gesamte Restlaufzeit **konst**ant ist $0 < T_{konst} \leq 100$
TK_t	**T**ilgungs**k**urs für die Tilgung zum Kupontermin **t** $TK_t > 0$
T_t	**T**ilgungsanteil zum Kupontermin **t** (in Prozent des am Bewertungsstichtag ausstehenden Nominales) $0 \leq T_t \leq 100$
x	Summenindex
y	Summenindex
Z	Zinsen
z	aufgerundete **Z**ahl der Kuponperioden innerhalb der gebrochenen Restlaufzeit in Jahren $0 \leq z \leq m$
ZPJ	Anzahl der **Z**ins**p**erioden pro **J**ahr $ZPJ \geq 1$

LITERATURVERZEICHNIS

Altrogge G. (1996): Investition, 5. Auflage, Oldenbourg-Verlag, München, Wien

Arndt F. J./Müller K./Skorpel W./Sprenger B./Weber A. (1989): Das neue Bank- und Börsen-ABC, 6. Auflage, Bank-Verlag Köln, Bundesverband deutscher Banken e. V. (Hrsg.), Köln

Auckenthaler C. (2001): Mathematische Grundlagen des modernen Portfolio-Managements, 3. Auflage, Verlag Paul Haupt, Bern, Stuttgart

Auckenthaler C. (1991): Trust Banking - Theorie und Praxis des Anlagegeschäftes, Verlag Paul Haupt, Bern, Stuttgart

Bankhofer U./Hilbert A. (1998): Beurteilung von Finanzinvestitionen in der betrieblichen Praxis, in: Zeitschrift für Betriebswirtschaft, Jg. 68 (4), 363ff

Berger M. (1990): Hedging - Effiziente Kursabsicherung festverzinslicher Wertpapiere mit Finanzterminkontrakten, Verlag Gabler, Wiesbaden

Bodie Z./Kane A./Marcus A. J. (1997): Essentials of Investments, 3. Auflage, Richard D. Irwin, Homewood, Boston

Bonnländer A. (1995): Bond Management: Analyse und Optimierung von Rentenportefeuilles, Campus Verlag, Frankfurt

Bosch K. (1998): Finanzmathematik, 5. Auflage, Oldenbourg-Verlag, München, Wien

Braeß P./Fangmeyer H. (1968): Effektivzinssätze II für Darlehen und Wertpapiere mit Ratentilgung, Deutscher Sparkassenverlag, Stuttgart

Braeß P./Fangmeyer H. (1973): Effektivzinssätze IV für Wertpapiere mit Halbjahreskupon, Festlaufzeit bis 4 Jahre, Deutscher Sparkassenverlag, Stuttgart

Braeß P./Fangmeyer H. (1974): Effektivzinssätze V für Wertpapiere mit Jahreskupon, Festlaufzeit bis 48 Monate, Deutscher Sparkassenverlag, Stuttgart

Braeß P./Fangmeyer H. (1978): Effektivzinssätze III für Festdarlehen und endfällige Wertpapiere, Deutscher Sparkassenverlag, Stuttgart

Brealey R. A./Myers S. C. (2000): Principles of Corporate Finance, 6. Auflage, McGraw-Hill, New York

Bühlmann N./Berliner B. (1992): Einführung in die Finanzmathematik, Band 1, Verlag Paul Haupt, Bern, Stuttgart, Wien

Bundesgesetz über das Bankwesen (Österreichisches Bankwesengesetz), 1993 (BGBl 532/1993)

Caprano E./Gierl A. (1992): Finanzmathematik, 5. Auflage, Verlag Vahlen, München

Casey C./Loistl O./Schneider C. (1993): Computergestützte Finanzierungsentscheidungen, Service-Fachverlag, Wien

Copeland T. E./Weston J. F. (2000): Financial Theory and Corporate Policy, 3. Auflage, Addison Wesley, Massachusetts

Deutsche Preisangabenverordnung (PAngV) vom 14. März 1985 (BGBl. I S. 580, BGBl. III S. 720 ff)

Deutsche Preisangabenverordnung (PAngV) vom 28. Juli 2000 (BGBl. I S. 1238)

Deutsche Vereinigung für Finanzanalyse und Anlageberatung (DVFA) (1984): Kommission „Festverzinsliche Wertpapiere", Methoden der Renditeermittlung in Deutschland, in: Anlagepraxis 2/1984, S. 38 ff

Dietrigkeit R. (1991): Atlas - Geld und Wertpapiere: Handel der Banken mit Geld und Wertpapieren, 5. Auflage, Verlag Gabler, Wiesbaden

Dorigo M. L. (1990): Börsenstrategien der Zukunft - Der große Ratgeber für Wertpapieranlagen, Fortuna Finanz-Verlag, Heidelberger, Niederglatt

Dresdner Bank AG (Hrsg.): Rendite-Methoden: Moosmüller, Braeß und Fangmeyer, Diskussionspapier, Frankfurt am Main

Eller R. (1993): Modernes Bond Management, Verlag Gabler, Wiesbaden

Eller R. (1995): Festverzinsliche Wertpapiere: Varianten, Kennzahlen, Strategien, Verlag Gabler, Wiesbaden

Fabozzi F. J. (2001): The Handbook of Fixed Income Securities, 6. Auflage, Business One Irwin, Homewood

Fassmann S./Nothart E. (1991): Geschäfte mit Anleihen - Teil I, Wertpapierausschuß des Hauptverbandes der österreichischen Sparkassen (Hrsg.), Wien

Fisher D. E./Jordan R. J. (1991): Security Analysis and Portfolio Management, 5. Auflage, Prentice-Hall International Editions, Englewood Cliffs, New Jersey

Francis J. C. (1991): Investments - Analysis and Management, 5. Auflage, McGraw-Hill, New York

Frühwirth M./Steiner P. (1997): Zur Ermittlung eines effektiven Jahreszinssatzes, in: Österreichisches Bankarchiv, 45. Jg., 341ff

Geisst C. R. (1989): A Guide to the Financial Markets, 2. Auflage, The Mac Millan Press, Houndmills, London

Götze U./Bloech J. (1995): Investitionsrechnung - Modelle und Analysen zur Beurteilung von Investitionsvorhaben, 2. Auflage, Springer Verlag, Berlin, Heidelberg, New York, Tokyo

Grob H. L./Everding D. (1992): Finanzmathematik mit dem PC, Verlag Gabler, Wiesbaden

Harter W. (2000): Wertpapiere in Theorie und Praxis, 5. Auflage, Deutscher Sparkassenverlag, Stuttgart

Hass O. (2000): Finanzmathematik - Finanzmathematische Methoden der Investitionsrechnung, 6. Auflage, Oldenbourg-Verlag, München, Wien

Haugen R. A. (2001): Modern Investment Theory, 5. Auflage, Prentice-Hall International Editions, Englewood Cliffs, New Jersey

Hauser S. (1992): Management von Portfolios festverzinslicher Wertpapiere, Fritz Knapp Verlag, Frankfurt am Main

Hax H. (1993): Investitionstheorie, 5. Auflage, Physica-Verlag, Würzburg, Wien

Heinhold M. (1999): Investitionsrechnung, 8. Auflage, Oldenbourg-Verlag, München, Wien

Hettich G./Jüttler H./Luderer B. (2001): Mathematik für Wirtschaftswissenschaftler und Finanzmathematik, 7. Auflage, Oldenbourg-Verlag, München

Hielscher U. (1999): Investmentanalyse, 3. Auflage, Oldenbourg-Verlag, München, Wien

Hirschberger K. (1989): Das Wertpapier 1 x 1, Girozentrale und Bank der österreichischen Sparkassen AG (Hrsg.), Wien

Holland H./Holland D. (1989): Mathematik im Betrieb - praxisbezogene Einführung mit Beispielen, Verlag Gabler, Wiesbaden

Ihrig H./Pflaumer P. (2001): Finanzmathematik - Intensivkurs, 8. Auflage, Oldenbourg-Verlag, München, Wien

Kahle E./Lohse D. (1992): Grundkurs Finanzmathematik, 3. Auflage, Oldenbourg-Verlag, München, Wien

Kirschner W. (1991): Rendite- und Risikomessung im modernen Bond-Portfolio-Management, Hypobank (Hrsg.), Wien

Kobelt H./Schulte P. (1999): Finanzmathematik - Methoden, betriebswirtschaftliche Anwendungen und Aufgaben mit Lösungen, 7. Auflage, Verlag Neue Wirtschafts-Briefe, Herne, Berlin

Kober J./Knöll H.-D./Rometsch U. (1992): Finanzmathematische Effektivzinsberechnungsmethoden, Wissenschaftsverlag, Mannheim, Wien

Köhler H. (1997): Finanzmathematik, 4. Auflage, Carl Hanser Verlag, München, Wien

Köppl H. (1991): Geld richtig anlegen - Was Österreicher über Aktien, Anleihen, Optionen und Futures wissen müssen, 2. Auflage, ORAC-Verlag, Wien

Krause H. (1991): Wege zum Börsenerfolg - Aktien, Anleihen, Optionen, Falken-Verlag, Niedernhausen

Kruschwitz L. (2000): Investitionsrechnung, 8. Auflage, Oldenbourg-Verlag, München, Wien

Kruschwitz L. (2001): Finanzmathematik, 3. Auflage, Verlag Vahlen, München

Lee C. F./Finnerty J. E. (1990): Corporate Finance - Theory, Methods and Applications, Harcourt Brace Jovanovich Publishers, Orlando

Lenz H. (1991): Dynamische Investitionsrechenverfahren, in: Wirtschaftswissenschaftliches Studium - Zeitschrift für Ausbildung und Hochschulkontakt, Heft 10, Oktober 1991, S. 497 ff

Lindmayer K. H. (1992): Geldanlage und Steuern '92, Verlag Gabler, Wiesbaden

Locarek-Junge H. (1991): Finanzmathematik - Lehr- und Übungsbuch, 3. Auflage, Oldenbourg-Verlag, München, Wien

Löffler A. U. (1987): Anleihen - Nationale und internationale Anleihensformen als Finanzierungsinstrument und Kapitalanlage, Verlag Paul Haupt, Bern, Stuttgart

Lohmann K. (1989): Finanzmathematische Wertpapieranalyse, 2. Auflage, Verlag Schwartz, Göttingen

Loistl O. (1986): Grundzüge der betrieblichen Kapitalwirtschaft, Springer-Verlag, Berlin, Heidelberg, New York, Tokyo

Loistl O. (1996): Computergestütztes Wertpapiermanagement, 5. Auflage, Oldenbourg-Verlag, München, Wien

Lücke K. (1983): Verwirrspiel mit Renditen, in: Die Bank, 10/1983, S. 473 ff

Mair W. (Hrsg.) (1972): Die reale Kurs- und Rentabilitätsrechnung - Theorie und 100 Beispiele, Wien

Mishkin F. S. (2001): The Economics of Money, Banking and Financial Markets, 6. Auflage, Harper Collins Publishers, New York

Perridon L./Steiner M. (1999): Finanzwirtschaft der Unternehmung, 10. Auflage, Verlag Vahlen, München

Pflaumer P. (2000): Investitionsrechnung - Methoden, Beispiele, Übungsfälle, 4. Auflage, Oldenbourg-Verlag, München, Wien

Rat der Europäischen Union, Richtlinie 87/102/EWG des Rates der Europäischen Gemeinschaften vom 22. 12. 1986 zur Angleichung der Rechts- und Verwaltungsvorschriften der Mitgliedstaaten über den Verbraucherkredit. (Amtsblatt Nr. L 42 vom 12. 2. 1987)

Rat der Europäischen Union, Richtlinie 90/88/EWG des Rates der Europäischen Gemeinschaften vom 22. 2. 1990 zur Änderung der Richtlinie 87/102/EWG zur Angleichung der Rechts- und Verwaltungsvorschriften der Mitgliedstaaten über den Verbraucherkredit (Amtsblatt Nr. L 61/14 vom 10. 3. 1990)

Ritter L. S./Silber W. L. (1997): Principles of Money, Banking and Financial Markets, 9. Auflage, Verlag Basic Books - Harper Collins Publishers, New York

Schierenbeck H. (Hrsg.) (1994): Bank- und Versicherungslexikon, 2. Auflage, Oldenbourg-Verlag, München, Wien

Schierenbeck H./Rolfes B. (1986): Effektivzinsrechnung in der Bankenpraxis, in: Zeitschrift für betriebswirtschaftliche Forschung, Jg. 38, S. 766 ff

Schöllhorn P. (1991): Geldanlage und Vermögensverwaltung international, Verlag Gabler, Wiesbaden

Sharpe W. F./Alexander G. J. (1999): Investments, 6. Auflage, Prentice-Hall International Editions, Englewood Cliffs, New Jersey

Siebers A. B. J. (1988): Geld verdienen mit Bonds - Die profitable Anlage in festverzinslichen Wertpapieren, Verlag Moderne Industrie, Landsberg, Lech

Sievi C. (1990): Grundlagen der praktischen Finanzmathematik, Gillardon-Verlag, Bretten

Spremann K. (1991): Investition und Finanzierung, 4. Auflage, Oldenbourg-Verlag, München, Wien

Steiner P./Uhlir H. (2001): Wertpapieranalyse, 4. Auflage, Physica-Verlag, Heidelberg

Süchting J. (1995): Finanzmanagement - Theorie und Politik der Unternehmensfinanzierung, 6. Auflage, Verlag Gabler, Wiesbaden

Swoboda P. (1996): Investition und Finanzierung - Betriebswirtschaftslehre im Grundstudium der Wirtschaftswissenschaft Band 3, 5. Auflage, UTB Vandenhoeck & Ruprecht, Göttingen

Uhlir H./Steiner P. (1994): sh. Steiner P./Uhlir H. (2001)

Van Horne J. C. (1994): Financial Market Rates and Flows, 4. Auflage, Prentice-Hall International Editions, Englewood Cliffs, New Jersey

Volkmann L. (1989): Grundlagen der Wirtschaftsmathematik, Springer-Verlag, Wien, New York

Weisensee U. (1993): Festverzinsliche Wertpapiere - Geld verdienen mit Renten, 2. Auflage, Rudolf-Haufe-Verlag, Freiburg im Breisgau

Wilhelm J. (1992): Fristigkeitsstruktur und Zinsänderungsrisiko, in: Zeitschrift für betriebswirtschaftliche Forschung, Jg. 1992, S. 209 ff

Ziethen R. E. (1992): Finanzmathematik, 2. Auflage, Oldenbourg-Verlag, München, Wien

Zirkounig R./Eichler H./Schmit J. (1991): Handbuch für Wertpapiere, 3. Auflage, Arbeitskreis „Basisinformation Wertpapiere" (Hrsg.), Wien

Stichwortverzeichnis

AKTUALISIERUNG

Kapitel 3.2.5 bezieht sich auf die Methode nach Paragraph 4 der deutschen Preisangabenverordnung. Wie bereits im Vorwort zur 2. Auflage beschrieben, wurde diese Rechtsnorm für Verbraucherkredite mit Wirkung vom 1. 9. 2000 geändert.

Die Renditemethode nach der **alten** Preisangabenverordnung wurde aus den im Vorwort zur 2. Auflage genannten Gründen weiterhin im Handbuch der Renditeberechnung belassen. Aus produktionstechnischen Gründen war es leider nicht möglich, im Text von Kapitel 3.2.5 ausdrücklich darauf hinzuweisen, dass es sich bei der beschriebenen Methode um jene nach der alten Preisangabenverordnung handelt.

Um Missverständnisse zu vermeiden, soll deshalb an dieser Stelle nochmals betont werden, dass für die Berechnung des effektiven Jahreszinssatzes von Verbraucherkrediten ab 1. 9. 2000 nur noch die Methode nach der neuen Preisangabenverordnung (entspricht der in Kapitel 3.2.1 beschriebenen ISMA-Methode) und nicht mehr jene nach der alten Verordnung (in Kapitel 3.2.5 beschriebene Methode) zulässig ist.

www.ingramcontent.com/pod-product-compliance
Lightning Source LLC
LaVergne TN
LVHW042240300926
849161LV00003B/419
9783486246667